AF 131898

THOMAS HITZLSPERGER

MIT HOLGER GERTZ

MUTPROBEN

THOMAS HITZLSPERGER

MIT HOLGER GERTZ

MUTPROBEN

KIEPENHEUER & WITSCH

*»Wer bin ich jetzt, und wer wäre ich
geworden, wenn ich immer die richtigen
Entscheidungen getroffen hätte und
entscheidende Fehler vermieden hätte?
Wer wollte ich früher einmal sein,
wer will ich heute sein und wer in Zukunft?«*

ERICH FROMM, »VOM HABEN ZUM SEIN«

INHALT

PROLOG

Samstag, 15. Mai 2010. Stadio Olimpico, Rom. Mein Bruder sitzt auf der Tribüne, eigentlich sitzt er schon im Auto, damit es sofort losgehen kann nach dem Abpfiff des letzten Saisonspiels, Lazio Rom gegen Udinese Calcio. So, wie ich es mit ihm besprochen habe. Mein letzter Auftritt in der Seria A. Ich habe diesen Abend lange herbeigesehnt, ich wollte nur noch nach Hause. Acht Stunden Autofahrt in meinem Mini Cooper bis nach München, bis unters Dach voll bepackt mit allem, was ich in den fünf Monaten in meinem Hotelzimmer in Rom bei mir hatte. Ich hatte mir nichts mehr vorgenommen, nur noch durchhalten und dann raus. Durch den Hinterausgang, bloß nicht zu vielen Menschen begegnen, die einem sagen, wie schade doch alles war und dass es anders hätte laufen können. Bald war es geschafft.

Aber vorher musste ich noch einmal in dieses altehrwürdige Stadion, in dem Andreas Brehme Deutschland 1990 zum WM-Titel geschossen hat und ich zwanzig Jahre später, am 14. März im Spiel gegen den AS Bari, in der 37. Minute ein- und in der 69. Minute wieder ausgewechselt wurde. Eine von vielen demütigenden Erfahrungen in meiner Zeit in Italien.

Diesmal war kein Platz auf der Ersatzbank für mich reserviert, anders als in den vergangenen Monaten in

Rom. Diesmal stand ich in der Startelf. Warum, war mir nicht klar. Der Trainer hatte in den vergangenen Monaten sowieso kaum ein Wort mit mir gesprochen. Kurzzeitig kam so etwas wie Freude in mir auf. Ich durfte noch mal spielen, es war eine für mich inzwischen ungewohnte Perspektive. Auch für die Weltmeisterschaft im Sommer in Südafrika war ich nicht nominiert, es hat sich kaum noch jemand für den Fußballprofi Thomas Hitzlsperger interessiert. Also nahm ich mir vor, wenigstens noch ein Tor zu schießen in Italien. Torschütze in der Premier League, in der Serie A, in der Bundesliga – wie viele Spieler gibt es eigentlich, die das geschafft haben?

Wie es danach mit mir sportlich weitergehen würde, war in dem Moment zweitrangig. Denn im Sommer 2010 war mir klar geworden: Fußball bestimmt zwar mein Leben, aber wenn er das weiter täte, gäbe es ein großes Problem, um das ich mich kümmern musste.

Es hatte sich angedeutet, aber ich hatte es verdrängt. Allmählich musste ich mir eingestehen: Ich bin schwul.

Anfangs war es das Schlimmste, was ich mir vorstellen konnte: öffentlich zu bekennen, Profifußballer und schwul zu sein. Ich war mir sicher: Es würde das Ende meiner Karriere bedeuten, das Ende meiner Zeit im Fußball-Geschäft. Später war ich hin- und hergerissen: Einerseits hatte ich keinen Plan, wie ich weiter Profi sein und gleichzeitig offen mit meiner Homosexualität leben könnte. Andererseits wollte ich diesen Plan, den ich noch nicht hatte, auch nicht kampflos aufgeben. Ich wollte beides haben. Das musste doch möglich sein. Es war an der Zeit, Mut zu beweisen.

Ich hatte es mir bis dahin schon einige Male bewiesen: mit 17 Jahren zum Probetraining nach Birmingham, ohne um Erlaubnis zu fragen, mit 18 Jahren der Wechsel zu Aston Villa gegen den Widerstand des FC Bayern und meines Vaters. Ich bin mit sechs älteren Geschwistern auf einem Bauernhof groß geworden, da ging es zuallererst um Gemeinschaft, sich unterordnen, nicht auffallen. Wenn ich nicht klein beigeben und mich verstecken wollte, musste ich die Grenzen immer wieder neu austesten.

Ich liebte Fußball und ich liebte Männer. War das irgendwie zusammenzubringen? Ich wollte es behutsam angehen. So unternahm ich noch im Sommer 2010 die ersten Versuche, nach Vorbildern zu suchen, wo anfangs keine waren, und zu überprüfen, ob das Fußball-Geschäft wirklich keine Schwulen akzeptiert.

Die folgenden 14 Jahre waren eine Reise voller Überraschungen und Widersprüche, widerlegter Vorurteile und zahlreicher Erkenntnisse, die ich nie für möglich gehalten habe. Auch deshalb habe ich dieses Buch mit Holger Gertz geschrieben, in dem ich zurückschaue – und nach vorn. Auf mein Leben, auf Momente, die mich bewegt haben. Und auf Themen, die mir in dieser Zeit wichtig geworden sind.

Als ich am 15. Mai 2010 glaubte, mit dem Fußball abgeschlossen zu haben, gelang mir tatsächlich noch ein Tor. Distanzschuss mit links. Haltbar, aber der Keeper von Udinese Calcio hat mir einen kleinen Erfolg gegönnt. Noch einmal feiern mit meinen Mannschaftskollegen, bevor ein neues, noch bedeutenderes Kapitel in meinem Leben begann.

EIN TAG IM LEBEN

Eigentlich hätte der 9. Januar 2014 der Tag der Tage sein sollen, ein Donnerstag. Donnerstags erscheint die *Zeit*. Aber wenn etwas Weltbewegendes drinsteht, was nicht länger zurückgehalten werden kann oder soll, bringen sie schon am Tag vorher eine Meldung. Und wenn die Meldung erst mal draußen ist, ist die Geschichte auch draußen, wenigstens das Thema der Geschichte ist dann in der Welt. Und das Thema dieser Geschichte war ich. So wurde der Tag der Tage um einen Tag vorgezogen, auf Mittwoch, den 8. Januar 2014.

Ich saß in meiner Wohnung in München-Haidhausen, Wörthstraße, und wenn ich heute noch mal das Gefühl von damals in mir wecke, fällt mir die Spannung des Augenblicks ein, die Neugier auf das, was passieren würde. Da war Unterschiedliches, auch Gegensätzliches – so ist es, wenn man sich auf einen point of no return zubewegt. Ein Moment der Extreme: Maximale Anspannung einerseits, aber andererseits auch maximale Erleichterung, dass ich so weit gekommen war. Es war ein langer Weg bis hierhin gewesen, ich war zwischendurch gestrauchelt, ich hatte mich verlaufen. Ich war verletzt gewesen, angeschlagen, nicht nur körperlich. Ich war manchmal nicht richtig weitergekommen. Ich hätte aufgeben können. Ich hätte mich verirren können, auch die Gefahr hatte immer wieder bestanden, in den Jahren davor.

Ein Tag im Leben. So lange hatte ich ihn gedanklich umkreist, zeitweise hatte ich ihn gefürchtet, irgendwann hatte ich ihn dann herbeigesehnt, um mich endlich vom Druck der Erwartung zu befreien. Ich musste sprechen. Keine Ahnung, ob die Leute da draußen mich überhaupt hören wollten – die standen noch komplett unter dem Eindruck des Unfalls von Michael Schumacher, der eine Woche zuvor beim Skifahren so schwer verunglückt war, seitdem lag er im Koma. Keine Ahnung, ob meine Geschichte wirklich so weltbewegend sein und die Vorabmeldung in der *Zeit* rechtfertigen würde.

Aber ich wollte jetzt sprechen. Und ich konnte jetzt sprechen.

Ich hatte – auch das gehört zur Geschichte dieses Tages – gelernt, dass ich vorbereitet sein muss, damit die Wucht der Ereignisse mich nicht überrollt. Mich nicht und meine Familie nicht. Meine Familie – nicht alle wussten schon länger Bescheid – hatte ich ein paar Wochen vorher informiert, sodass keiner mehr kalt erwischt werden konnte. Ich sagte ihnen, dass ich ein Interview geplant hätte, dass das bald erscheinen würde und dass ich nicht vorhersehen könnte, was danach passiert.

Ich habe dann auch noch den Bundestrainer Joachim Löw angerufen, Teammanager Oliver Bierhoff. Und ich habe eine Kommunikationsberatungs-Agentur aus Köln engagiert, die sich speziell mit Krisen-PR auskennt. Ich wusste: Das muss jetzt alles klug und seriös gemanagt werden. Aber ich wollte mir nichts mehr ausreden lassen, von den Beratern nicht und von niemandem sonst, ich habe ihnen gesagt: Das hier ist mein Plan. Und zu meinem Plan gehörte, dass ich nach dem Tag der Tage abhauen würde. Wenn es raus ist, wollte ich weg sein. Und zwar so weit wie möglich.

Noch saß ich aber in meiner Wohnung in München-Haidhausen. Mich umgab dieses in größter Spannung auch wieder beruhigende Gefühl, an alles gedacht zu haben. Wie ein Pilot, der vorm Start noch mal die Instrumente gecheckt hat. Alles okay. Ich wollte daheim sein, in der Sicherheit meiner Wohnung, ich war darauf eingestellt, die Ereignisse an mir vorbeiziehen zu sehen. Der Tag würde wie ein Film sein, den ich anschaue, in dem ich aber auch selbst mitspiele. Ich mailte und telefonierte ein paarmal mit dem *Zeit*-Redakteur Moritz Müller-Wirth. Gemeinsam mit der Publizistin Carolin Emcke hatte er mich die vergangenen Jahre fürsorglich begleitet, die beiden waren zu Vertrauenspersonen geworden, ihnen hatte ich auch das Interview gegeben, um das es ging.

8. Januar, gegen Mittag, die *Zeit* wurde gedruckt, damit wussten jetzt schon Leute in der Druckerei Bescheid. Das ist im Nachrichtengeschäft ein entscheidender Moment, hatte ich gelernt: Die Neuigkeit war also, wenn auch noch im geschützten Raum einer Druckerei, in der Öffentlichkeit. Es gab kein Zurück mehr.

Und Moritz sagte am Telefon: Jetzt müssen wir raus!

Um 11:49 Uhr veröffentliche *Zeit online* die Meldung, Überschrift: »Thomas Hitzlsperger bekennt sich zu seiner Homosexualität«. Dazu ein Porträtfoto von mir, der Jahreszeit angemessen. Grauer Mantel, hochgeschlagener

Kragen. Ein Schutz gegen die Kälte des Januars. Gegen das, was jetzt auf mich einstürmen könnte, hätte der Mantel nicht geholfen, Klamotten sind keine Rüstung. »Als erster prominenter homosexueller Fußballer begründet Hitzlsperger im *Zeit*-Interview sein langes Schweigen«, stand in der Meldung.

Jetzt waren wir draußen.

Und dann?

Die Meldung war gerade veröffentlicht, da brachen bei der *Zeit* sämtliche Server wegen Überlastung zusammen.

Die Frage, ob das von Interesse war, was ich zu sagen hatte, war also schnell geklärt. Mein Handy begann zu vibrieren und hörte den Tag über nicht mehr auf. Hey cool. Glückwunsch, super gemacht. Das E-Mail-Postfach lief über, Interview-Anfragen ohne Ende. Aber wir hatten mit der Kommunikationsberatung die Strategie für den Tag ausgearbeitet, wir hatten für alle, die Interviews wollten, Videobotschaften aufgezeichnet, die online gestellt wurden, auf Deutsch und Englisch. Auf der *Zeit*-Homepage konnte man mich anklicken und sagen hören: »Es ist für meine Familie und für mein Umfeld unwichtig, dass ich über meine Homosexualität spreche. Wichtig ist es nur für die Leute, die homophob sind, andere ausgrenzen aufgrund ihrer Sexualität. Die sollen wissen: Sie haben jetzt einen Gegner mehr.« Das klang fast wie eine Kampfansage, und es sollte auch genauso klingen. Wir hatten darauf geachtet, dass sich bei allem, was ich sage, kein larmoyanter Beiklang untermischt, kein übertriebener Stolz. Nichts Weinerliches, nichts Wichtigtuerisches. Gewappnet sein, darum ging es. Sich nicht treiben lassen.

Aber auch keine Heldenrolle annehmen, keine Pose. Stattdessen: sachlich bleiben. Die Entwicklungen unter Kontrolle halten. Ich hatte mich geoutet, ich war nicht geoutet
worden, das ist ein gewaltiger Unterschied. Beim *Guardian* gab es mein Statement auf Englisch, ich habe lange
in England gespielt, die Fans und Journalisten nannten
mich in England »Der Hammer«, und ich konnte jetzt lesen, wie die Redakteure beim *Guardian* versuchten, den
Fußballer Hitzlsperger mit seinen altbekannten Qualitä-
ten und die Person Hitzlsperger mit ihren neu entdeckten
Facetten gedanklich miteinander in Beziehung zu bringen. Sie holten ein wenig weiter aus und probierten es mit
einer umfassenderen Überschrift: »Der Hammer hatte
nie vor einer Herausforderung Angst«. Und wenn man
das eine mit dem anderen verbinden will, dann passte das
zu meinem Profil als Spieler und als Mensch.

Ich saß daheim und habe verfolgt, was geschah. Nachrichten gelesen und beantwortet, jede Menge Anrufe, es
überschlug und überlagerte sich alles. Später bin ich dann
noch zu Freunden gefahren, die im Dreimühlenviertel
wohnten.

In der *Tagesschau* um zwanzig Uhr war die Spitzen-
meldung: Sozialmissbrauch von Zuwanderern. Dann der
Bundeswehr-Einsatz im Mittelmeer, dann: Griechenland
übernimmt die EU-Ratspräsidentschaft. Ich war Nachricht Nummer vier. »Der ehemalige Nationalspieler Thomas Hitzlsperger hat heute ein Zeichen gesetzt«, las die
Sprecherin Susanne Daubner. »Er machte seine Homosexualität öffentlich, als erster prominenter Fußballer.« Der
Regierungssprecher Steffen Seibert wurde gezeigt, das

Thema hing tatsächlich viel höher, als ich gedacht hatte, denn Seibert sprach offenbar in der Bundespressekonferenz: »Wir leben im Großen und Ganzen glücklicherweise im Respekt voreinander. Unabhängig davon, ob der Mitmensch Männer liebt oder Frauen liebt.« Und die Kulturwissenschaftlerin Tatjana Eggeling glaubte, mein Beispiel könne »viele Leute im Fußball ermutigen zu sagen: Ja ich mache es genauso. Ich sag auch, dass ich lesbisch oder schwul bin.« Wenn wir jetzt, ziemlich genau eine Dekade danach, genau hinschauen, stellen wir fest: Diese Hoffnung der Kulturwissenschaftlerin hat sich für den Frauenfußball erfüllt. Für den Männerfußball weniger.

Aber ich hatte diese Hoffnung damals auch. Drei Tage nach dem Coming-out saß ich zum Interview bei Jochen Breyer vom *ZDF*. Ich sah etwas übernächtigt aus, aber sonst eigentlich wie immer. Die Leute, die mich gesehen haben, haben das jedenfalls gesagt: ich hätte ruhig gewirkt, sehr bei mir. Wenn das so war, dann lag das sicher auch an den Vorbereitungen, die ich getroffen hatte. Und, vor allem, an der Entwicklung, die ich genommen hatte. Das Coming-out war für die Leute vielleicht überraschend, sie sahen nur, wie einer über eine Ziellinie rennt, sie wussten nicht, wo der losgelaufen war. Ich wusste es. Ich kannte meinen Weg.

Bei Jochen Breyer habe ich gesagt: »Das sollte das Ziel sein: Dass ein Spieler in Zukunft in der Kabine genauso über seinen Freund sprechen kann, wie andere über ihre Ehefrauen und Freundinnen sprechen können.« Wenn wir jetzt, zehn Jahre danach, zurückschauen, müssen wir uns fragen: Ist das Ziel erreicht?

Ein paar Tage danach bin ich wirklich erst mal verschwunden. San Francisco, Hawaii, Vancouver. Ich wollte weg sein. Aber ich habe gelernt, dass man so einen Tag und die Bedeutung so eines Tages nicht einfach hinter sich lassen kann. Das innere Bewegtsein reist schließlich immer mit. Was habe ich also gemacht in Hawaii? Mich bei Twitter angemeldet, weil ich es nicht mehr ausgehalten habe und wissen wollte, was jetzt passiert.

Mein Profil bei Twitter besteht aus einem Satz, »It gets better«. Wer sich ein wenig auskennt, weiß: Das ist das Motto eines Videoprojekts, das LGBTQ+-Menschen ermutigen will, sich nicht fertigmachen zu lassen. It gets better. Es wird besser. Die Kampagne wurde vom schwulen Kolumnisten Dan Savage 2010 ins Leben gerufen, kurz nachdem sich ein 15-Jähriger aus Indiana umgebracht hatte, Billy Lucas hieß der Junge. Seine Mitschüler hatten ihn verhöhnt, ein Schwuler wie er war ein »fag« für sie, sie mobbten ihn, quälten ihn. Bis er es nicht mehr aushielt. Bis er sich erhängte.

Dan Savage schrieb damals in seinem Blog: »Ich wünschte, ich hätte nur fünf Minuten mit dem Jungen reden können. Ich wünschte, ich hätte Billy sagen können, dass es besser wird. Ich wünschte, ich hätte ihm sagen können, dass es besser wird, egal wie schlimm die Dinge waren, egal wie isoliert und allein er war.« Und dann schaltete er einen *Youtube*-Kanal frei, den er »It gets better« nannte und in dem danach Tausende und Abertausende Menschen ihre Geschichten erzählten, Prominente und Nichtprominente, Schauspielerinnen, Polizisten, Politikerinnen, Schwule, Lesben. Alles unterschiedliche Lebensberichte, aber alle auch irgendwie gleich. Sie erzählten davon, wie verloren sie sich als Jugendliche fühlten, wie sie das Gefühl hatten, nicht dazuzugehören, und wie sich die Heteros das gar nicht vorstellen können, dieses Gefühl, anders zu sein und dieses Anderssein als junger Mensch nicht sortiert und eingeordnet zu kriegen. Aber, auch davon handelten die Geschichten dieser Menschen: Wie sie dann doch gelernt oder erlebt hatten, dass sie nicht allein sind.

Gib nicht auf, sagten all diese Personen und Persönlichkeiten in den Videos zu den Jungs und Mädchen, die das sahen, es war eine enorme Bewegung damals, und ich kann mich selbst daran erinnern, diese Clips verschlungen zu haben, denn das war genau die Phase, in der ich jemanden brauchte, der mir flüsterte: Du bist nicht allein. It gets better. Gib nicht auf.

Damals war das eine Botschaft, die in allererster Linie so formuliert war, um junge Menschen im Leben zu halten, eine Art Akuthilfe, eine Mut-Infusion. Aber »it gets better« ist, sicher nicht nur bei mir, danach zu einer Lebenseinstellung geworden. Es wird besser.

MEIN WEG

In meinen ersten Jahren als Fußballprofi war ich komplett gefordert, ich musste mich überall beweisen, als junger Spieler in England, in der Premier League, dann der Bundesliga, in der Nationalmannschaft. Die Stars waren damals in Deutschland, um die Weltmeisterschaft 2006 herum, Philipp Lahm, Michael Ballack, Miroslav Klose, Oliver Kahn und Jens Lehmann, die Torwart-Rivalen. Ich war *der andere* Fußballprofi, das wurde mir von den Medien immer gespiegelt. *Der andere* zu sein bedeutete: Ich war der, der nachfragt und liest. Bei den Auswärtsfahrten mit Aston Villa las ich den *Spiegel* im Teambus, und die anderen fragten: Was liest du? The Spiel? Warum liest du so etwas, bist du bekloppt? Aber ich las, Zeitungen, Magazine, Bücher. Bei »Der Knacks« von Roger Willemsen hatte ich ein Fremdwörterbuch danebenliegen, um den Text besser zu verstehen. Wenn ich ein Buch angefangen hatte, nahm ich mir vor, es zu Ende zu lesen. Aus Respekt vor dem Buch und seinem Autor. Und vielleicht auch, weil ich zu Hause auf dem Bauernhof gelernt hatte, dass man nichts verkommen lässt.

Obwohl ich einerseits las, war ich andererseits ein Körpermensch. Wer sich als Profi behaupten will, dessen Körper muss funktionieren. Dass der Köper das Kapital des Sportlers ist, klingt wie eine Floskel, ist aber deshalb nicht weniger wahr. Der Körper war mein Kapital. Mein Spiel war intensiv, mein Schuss war gefürchtet, all das ist körperlich. Mein Image ergab sich aus meiner Körperlichkeit. Ein Philosoph wird nicht »Der Hammer« genannt, diesen Ehrentitel bekommt einer, der auf dem Platz den Hammer rausholt und mit dem Hammer draufhaut und mit dem Hammer die Richtung des Spiels verändert, auch das ist schon von der Begrifflichkeit her körperlich. Ich merke es an mir selbst, ich sage nicht: Dann und dann habe ich dieses oder jenes Tor erzielt. Ich sage nicht mal, dass ich das Tor geschossen habe. Ich sage: Den hab ich reingeschweißt. Und damit betone ich das Körperliche, ich überbetone es sogar.

Ich trainierte meinen Körper, ich pflegte meinen Körper, auch deshalb hatte ich das Glück, mich jahrelang nicht schwerer zu verletzen. Ich las, aber vor allem spielte ich Fußball. »Seit wann wissen Sie denn, dass Sie homosexuell sind?«, wurde ich später in dem Interview zum Coming-out in der *Zeit* gefragt, aber es ist schwierig, da den genauen Punkt zu nennen. Es ist ein fließender Prozess, eine Entwicklung. Etwas dämmerte und wurde dann klarer, wie man die Umrisse und Konturen auf einem Foto im Entwicklerbad ja auch erst allmählich erkennt. Man spürt etwas, und am Anfang fragt man sich, ob das nur im Kopf stattfindet, was man spürt. Oder ob es echt ist.

Ich war schon früh mit meiner Freundin zusammengekommen, wir hatten uns in der Berufsschule kennengelernt, zogen dann gemeinsam nach England und fünf Jahre später zurück nach Deutschland und lebten glücklich miteinander. Die Beziehung hielt länger als viele andere Beziehungen in unserem Bekanntenkreis. Nach acht Jahren ging die Beziehung zu Ende, obwohl die Hochzeit schon geplant war. Ich war allein. Und ich war mir über meine Gefühle für Männer noch nicht klar.

Wer ich tatsächlich bin, konnte ich besser erkennen, als der Körper allmählich anfing, nicht mehr zu funktionieren. Um genau diesen Moment hinauszuzögern, stellen Sportler ihre Ernährung um, analysieren ihre Körperfunktionen. Lassen sich Muskelspannung, Hautwiderstand und Hauttemperatur auf Monitoren anzeigen, um ihre Fitness nicht nur spüren, sondern auch sehen zu können. Legen sich in Eistonnen, um sich noch etwas länger spielfähig und wettbewerbstauglich zu halten. Wenn sie merken, dass der Körper allmählich müde und dann auch mürbe wird, müssen sie sich einer Wahrheit stellen: auch ihre Laufbahn wird nicht bis in alle Unendlichkeit weitergehen. Auch sie werden nicht alle Probleme mit physischer Kraft lösen können, mit dem Hammer.

Leistungssportler sind komplett abhängig vom Körper. Der Körper ist es, der sie berühmt und wohlhabend macht. Der Körper ist viel mehr als ein Kapital. Der Körper ist es, den sie ins Schaufenster stellen bei den Werbe-Drehs. Der Körper ist es, der sie beschäftigt. Sich um seinen Körper zu kümmern, ihn zu stählen, ihm alles abzuverlangen, ist anstrengend. Aber sich um seinen Körper zu kümmern, nur um seinen Körper, vereinfacht auch das Leben. Solange der Körper es dem Sportler ermöglicht, zu den Siegern zu gehören, kann der Sportler das als Hinweis darauf verstehen, dass alles okay ist. Oder wenigstens sehr viel. Der Körper gibt auf viele Fragen eine Antwort. Der Körper macht uns zu denen, die wir sind.

Und dann, irgendwann diese Erkenntnis: Dass ich meinen Körper in Schuss halte – das allein ist noch keine Lebensplanung.

Mein Körper hatte, je älter ich wurde, dann doch immer wieder mal Probleme gemacht und ließ mich zum ersten Mal richtig im Stich in einem Moment, als alles auf Weitermachen programmiert war. Etwas wurde gestoppt, als alles neu beginnen sollte, eigentlich. August 2010, Länderspiel in Dänemark, Kopenhagen, Parken-Stadion. Ich war bei der Weltmeisterschaft in Südafrika nicht dabei gewesen, aber Jogi Löw wollte mir zeigen, dass ich trotzdem noch zur Nationalmannschaft gehöre. Ein Freundschaftsspiel, in dem der sogenannte weitere Kreis sich zeigen durfte, Andreas Beck, Marko Marin, Christian Träsch. Ein paar flüchtige Gäste der National-mannschaft, aber auch einige Stützen der Zukunft: Toni Kroos, Jérôme Boateng.

Ich war sogar Kapitän, und am Anfang spielte ich tat-sächlich wie ein Vorzeigekapitän. Das erste Tor nach neunzehn Minuten habe ich Mario Gomez aufgelegt, den Ball aus der Mitte zu ihm durchgesteckt. Der Vollstrecker Gomez vollstreckte, ich war gleich da, um ihn zu umar-men. Ich war Vorbereiter und erster Gratulant. Nichts ging ohne mich, so wirkt dieser Moment. In die Zeitlupe hinein, das habe ich später auf dem Videomitschnitt ge-sehen, sagte der ZDF-Livereporter Bela Rethy – und er sagte es voller Anerkennung: »Gut vorbereitet vom Ka-pitän, von Thomas Hitzlsperger.« Vielleicht war das das

Spiel, in dem ich wieder ein echter Faktor in der Nationalmannschaft hätte werden können. »Kapitän für einen Tag«, hatte zwar in der Zeitung gestanden, jetzt lief das Spiel, und jetzt lief es verdammt gut für mich. Aber in der 66. Minute musste ich runter.

Der Körper hatte sich gemeldet, unmissverständlich. Eine Muskelverletzung. Was ein Neuanfang werden sollte, wurde mein letztes Länderspiel. Die Schlagzeile hatte innerhalb weniger Augenblicke ihre Bedeutung verloren. Kapitän für einen Tag? Sogar das war noch übertrieben. Aber ich durfte als Kapitän von Bord gehen.

Ich hatte damals eine sportlich schwierige Zeit beim VfB Stuttgart und, ganz kurz, bei Lazio Rom hinter mir und war gerade zu West Ham United nach London gewechselt. Dort hatte ich eine passable Vorbereitung gespielt und wollte herausfinden, ob es noch reichen würde, in der Premier League mitzuhalten. Genauer gesagt: Ich wollte beweisen, dass ich noch mithalten konnte. Die Verletzung aus diesem Länderspiel machte all diese Pläne kaputt, sie wurde zuerst als Muskelfaserriss diagnostiziert, ich fing zu früh wieder an. Ich hatte meinem Körper so lange fordern können, dass ich jetzt nicht merkte, wie sehr ich ihn überforderte. Schließlich war die Diagnose: Sehnenriss im Hüftansatz des linken Oberschenkels, ich würde über ein halbes Jahr lang raus sein bei West Ham.

Zur Reha fuhr ich an den Tegernsee, und dort überkam mich plötzlich ein Gefühl großer Erleichterung, das ich so noch nicht kannte. Die komplette Befreiung. Ich war einfach nur happy, nicht mehr Fußball spielen zu müssen. Es war Herbst, Bilderbuchwetter, da ist der Tegernsee noch traumhafter als sonst. Natürlich gab auch in der Reha eigentlich der Körper vor, was zu geschehen hatte, ich war ja hierhergekommen, um den Körper wieder in Schuss zu bringen. Aber bevor er wieder in Schuss war, räumte dieser Körper mir noch etwas Zeit ein, in der ich einer Vermutung nachspüren und einen Gedanken zulassen konnte. Ein Gedanke, den ich die vergangenen Jahre und vor allem Monate immer wieder hatte wegschieben können, aber er war nie ganz verschwunden. Stattdessen hatte er Nahrung bekommen, durch Begegnungen und Erfahrungen, durch Fantasien. Und jetzt, in dieser Idylle am Tegernsee, bekam er eine solche Festigkeit, dass ich ihn – erst mal nur für mich – in Worte fasste, also ausbuchstabierte, wie man das heute sagt: Ich steh auf Männer.

Dieses Sich-bewusst-Werden war ein Schritt, das war der allererste Schritt hin zum Tag der Tage, hin zum Coming-out. Den nächsten Schritt ging ich, als ich nach der Reha zurück in London war, zurück im Training bei West Ham. Da habe ich es einem guten Freund erzählt. Und er, der eine Ahnung gehabt hatte, reagierte anders, als ich es erwartet hatte. Er war kein bisschen überrascht. Super, endlich erzählst du's. Und dann nimmt er den Telefonhörer in die Hand und sagt zu mir: Ich habe einen ehemaligen Schulfreund, der ist auch schwul und der lebt mit einem Mann zusammen – ihr müsst euch kennenlernen. Dann fuhren wir da hin, und von dem Moment an hat dieses schwule Paar mich praktisch adoptiert. Die haben sich super um mich gekümmert. Die hatten ein Wochenendhaus draußen in Norfolk, freitagnachmittags haben die die Hunde und das Essen eingepackt und sind raus aufs Land, sonntags wieder zurück in die Stadt nach London. Ich konnte immer bei denen übernachten, konnte reden, eine herrliche Zeit. Leute, denen ich vertrauen kann und die mich teilhaben lassen an ihrem Leben. Es war ein Traum. Nachmittagstee am Kamin. Country-Lifestyle, wie in einem Buch, das du auf den Coffee-Table legst.

Das war der nächste Schritt. Damit wussten es nun schon ein paar Leute. Und ich las, ich las weiter. Las jetzt auch die Texte von Volkmar Sigusch über die Selbstverständlichkeit sexueller Vielfalt. Ich spielte auch weiter Fußball für West Ham, kämpfte mich wieder ran, kam zurück ins Team – das war die alltägliche Zweigleisigkeit meines damaligen Lebens. Und nachdem ich jetzt schon ein paar Schritte gegangen war, gab es in mir einen Impuls, dem ich hätte nachgeben können oder vielleicht wollen: Warum sagst du es nicht? Stell dich doch einfach in der Kabine hin, räuspere dich, bis alle still sind. Gib ein Signal. Und dann sagst du's.

Ich hatte nicht wirklich vor, es zu tun, aber ich hielt es auch nicht für vollkommen ausgeschlossen – wenn es sich ergeben würde.

Allerdings war ich mir inzwischen so klar über meine Sexualität geworden, dass ich empfindlicher wurde, wenn über Sexualität in der Kabine geredet wurde, und zwar in einer Weise, dass ich mich angesprochen fühlen konnte. Was in früheren Jahren an mir vorbeigerauscht war, konnte ich jetzt nicht mehr überhören. Es war für die anderen bestimmt immer noch Gerede, *dressing room banter*, aber für mich war es mehr. Bei West Ham in der Kabine sagte einmal jemand: »The German – he is gay!« Das war nur so gedankenlos dahingeschwätzt, es bedeutete nichts, eher ein proletiger Sprechgesang, eine Art Rap. Derjenige rief auch: »The Goalkeeper is gay, the busdriver is gay.« Dann war halt auch mal the German gay. Jedenfalls sagte jemand aus dem Team: »Wo ist denn das Problem, wenn einer schwul ist?« Und dann der andere wieder: »Wenn wir einen Schwulen hätten – ich würd jeden Tag hingehen, mir die Hose runterziehen und mir einen blasen lassen.« So ein kleiner, unsicherer Typ war das, der aber den Ton angab. Ganz offensichtlich hatte er massive Probleme mit sich, aber es hilft ja nichts. In dem Moment war er der Lauteste, an dem orientierten sich die anderen. Jeder kennt solche Gruppendynamik.

Und wenn der so was sagt und wenn du so was hörst, dann ist es halt mal ausgesprochen und steht im Raum. Dann vergisst du das nicht mehr.

Wenn darüber gesprochen wird, warum sich kein aktiver Fußballer outet, heißt es oft: Die Fan-Reaktionen wären nicht kalkulierbar. Aber das ist nur ein Teil der Wahrheit. Die Fußballbosse und Manager haben sich das so zurechtgelegt, sie schieben alles auf die Fans, das ist bequem, dann sind sie das Thema los. Dabei ist die Situation in der Kabine entscheidender. Es ist nun mal sehr intim in so einer Kabine, man duscht zusammen, man ist sich körperlich nah. Für manche Spieler ist die Vertraulichkeit in der Kabine eine Herausforderung, sogar eine Zumutung. Für einige strenggläubige muslimische Jungs zum Beispiel, manche von denen duschen mit Unterhose.

Wenn ich mich damals, als aktiver Spieler, geoutet hätte, hätte ich mich danach gefragt: Bleiben die anderen jetzt länger draußen, weil ich noch etwas länger in der Dusche bin? Hauen die früher ab, weil jetzt ich unter die Dusche gehe? So etwas brauchst du nicht in einer Gruppe, in der es um Leistungen geht, die die Gruppe gemeinsam erbringen soll.

Nach dem Coming-out wieder in die Kabine zu gehen – das wäre für mich die größte Herausforderung und Belastung gewesen.

Nach sieben Monaten war ich wieder fit und konnte endlich mein erstes Pflichtspiel für West Ham machen, FA Cup gegen Burnley. Wir gewannen 5:1, ich schoss das erste Tor. Noch einmal tauchte ich in mein altes Leben ein. Der Hammer war zurück. »Hitzlsperger grabbed the first goal with a trademark left-footed thunderbolt from the edge of the area«, schrieb der diensthabende Dichter vom *Mirror*. So unnachahmlich wie mein Schuss war auch dieser Text in der Zeitung, Überschrift: »Tommy ›the hammer‹ happy to nail Burnley«. Eine Hymne auf meine physische Leistungsfähigkeit. Der Körper funktionierte, also war ich wieder im Geschäft, musste mich aber trotzdem bald verabschieden, denn wir stiegen ab mit West Ham. Ich wäre sogar mit in die Zweite Liga gegangen, die Championship, aber sie lösten den Vertrag auf.

Und dann hat Felix Magath angerufen, und so bin ich im Sommer 2011 zum VfL Wolfsburg gewechselt. Der Vertrag war gut dotiert, den wollte ich annehmen. Und Magath hatte noch einen Zusatzköder dabei, als wir uns zum Vertragsgespräch trafen, in einem Hotel in Hannover.

»Was willst du für eine Nummer?«

»Was ist denn noch frei?«

Er hat aufgezählt, was noch frei war, auch die 10 war noch frei. Die Nummer von Maradona und Pelé und Eusebio und Overath und Netzer. Die 10, Kennziffer der Fußballgötter. Wie eine Krone, die nicht auf dem Kopf getragen wird, sondern auf dem Rücken. Magath selbst war in seiner Spielerzeit beim HSV auch der Mann mit der 10 gewesen.

Ich dachte, ich muss jetzt besonders selbstbewusst rüberkommen und ihm demonstrieren, dass ich vor nichts Angst habe, schon gar nicht vor der 10. Dass ich mutig genug bin für die 10.

»Ich nehm die 10.«

Ich war in einer Zwischenwelt angekommen. Schon irgendwie raus aus dem Fußball, aber mit dem Fußball doch noch lange nicht fertig. Das merkte ich auch daran, was dieser Nummernzauber mit mir anstellte. Die 10, die 10. Der Hammer, upgegradet zum Regisseur. Das schmeichelte mir. Es würde also mit der 10 noch mal ganz von vorn losgehen, in der Bundesliga.

Wieder war es mein Körper, der Einwände hätte. Das rechte Knie, der Meniskus, ich konnte kaum spielen, im Herbst 2011 dann die OP. Da war ich wieder monatelang draußen.

Es war nun ähnlich wie bei der Reha am Tegernsee, nur dringlicher: Das Körperliche war runtergefahren, dafür beschäftigte ich mich umso intensiver mit dem, was ich inzwischen über mich wusste. Ich tastete mich nicht mehr heran, ich war schon ein paar Schritte gegangen. Ich war schwul, und ich hatte das Gefühl, es öffentlich machen zu wollen, ich hatte das Selbstbewusstsein durch die Erfahrungen in England, ein paar Leute waren schon eingeweiht. Ich dachte, jetzt ist der richtige Zeitpunkt. Und dann wollte ich auch erfahren, wie die Kollegen damit umgehen würden, Trainer, Fans. Ich kannte zwar das Risiko für mich, das Gerede aus der West-Ham-Kabine klang noch in mir nach. Aber ich fühlte mich bereit, ich fühlte mich mutig genug, etwas zu wagen. Mut hat sich in meinem Leben öfter mit Neugier verbunden, manchmal wurde Wagemut daraus.

Ich outete mich also beim *Zeit*-Journalisten Moritz Müller-Wirth, den ich kannte, ich war schon länger Kolumnist bei *Zeit Online*. Der nächste Schritt. Jetzt wusste es ein Reporter, damit wusste es auch ein kleiner Teil der Öffentlichkeit. Schon kurz nach unserem ersten Gespräch hatte Moritz vorgeschlagen, Carolin Emcke mit dazuzuholen, weil sie durch ihre eigene Homosexualität noch einmal einen anderen Blick auf meine Pläne hätte. Dieser Vorschlag, den ich sofort annahm, war für die folgenden Monate sehr wichtig: Carolin wurde für mich zum wichtigen Gegenüber für alle Fragen zu einem Leben als Homosexuelle und was das für mich bedeuten könnte. Moritz und Carolin gab ich dann ein Interview, in dem ich mich zu meiner Homosexualität bekannte, ich wollte ein Vorkämpfer für Homosexuelle im Profisport sein, ich erzählte alles über mich, wirklich alles. Ich wäre der erste deutsche Nationalspieler, der so weit geht, ich wäre sogar der erste aktive Profifußballer, und natürlich schmeichelte mir auch dieser Gedanke. Leistungssportler sind Wettbewerbskinder, Erster sein ist immer das oberste Ziel. Auch wenn du dich als Erster als schwul bekennst, bist du Erster. Und bestimmt wäre das Interview ein Ereignis geworden, ein Knüller für die *Zeit*. Im Sommer 2011 hatte ich Moritz von meinen Plänen, mein Schwulsein öffentlich zu machen, erzählt – im März 2014 erschien dann aber erst das Interview in der *Zeit*. Über zweieinhalb Jahre dauerte also dieser Prozess, in dem Carolin und Moritz mehr waren als journalistische Begleiter. In dieser Zeit habe ich es den beiden nicht immer leicht gemacht. Wir hatten zu Beginn eine Vereinbarung geschlossen: ich konnte das Interview, das einen regulären Autorisierungsprozess durchlaufen würde, jederzeit zurückziehen. Zwei vollständig autorisierte Fassungen des Gesprächs gab es, drei Termine zur Veröffentlichung. Das erste Mal waren wir im Mai 2012 startklar. Aber Moritz und Carolin waren verantwortungsbewusst genug, mich da in nichts reinlaufen zu lassen, ich war schließlich noch Profi in Wolfsburg. Natürlich war den beiden klar, dass sie mich am Ende nicht würden beschützen können, weil niemand absehen konnte, wie mein Coming-out aufgenommen werden würde. Gerade deshalb haben sie mich nie gedrängt. Sie waren bei mir. Es ging ihnen um mich, und sie wollten mir helfen, meinen eigenen Weg zu finden.

Manchmal, gerade am Anfang unserer Gespräche, haderte ich. Ich malte mir aus, was ich anrichten könnte. Ich erinnere mich daran, wie berührt sie waren, als ich ihnen von meiner Sorge erzählte, dass meine Neffen nach meinem Coming-out in der Schule gehänselt werden könnten. Wenn ich haderte, gab es jetzt in Carolin jemanden, der das einordnen konnte. Aber auch das Bedürfnis und letztlich die Entschlossenheit, die eigene Homosexualität nicht länger zu verstecken, als wäre sie eine Zumutung, etwas, das es zu verheimlichen gilt. Carolin und Moritz hatten Kontakt zu einem Rechtsanwalt, der als Experte in Medienrecht wusste, was öffentlicher Druck anrichten kann. Bei dem hatte ich eine Stunde Beratungszeit. Ich bin zu ihm rein und habe gesagt: »Ich möchte über mein Schwulsein jetzt öffentlich sprechen, ich will, dass das Interview jetzt veröffentlicht wird.« Und der hat nur gesagt: »Machen Sie das nicht. Machen Sie, was Sie wollen, Herr Hitzlsperger, aber reden Sie nicht drüber. Das halten Sie nicht aus.«

Auch wenn ich damals erst irritiert und sogar gekränkt davon war, in meinem Offenbarungseifer gebremst zu werden: Es war der richtige Rat. Ich hatte das Gerede in den Kabinen schließlich mitbekommen: Wir duschen nicht mit Schwulen. Warum hätte das in Wolfsburg anders sein sollen? Der Medienexperte, mit seinem Blick von weiter draußen, hatte meine Skrupel aktiviert. Warum? Ich habe ein paar Gedanken gebraucht, um mir das einzugestehen: Er wollte mich schützen.

Wenn ich schon damals erklärt hätte, schwul zu sein, und danach in die Mannschaft des VfL Wolfsburg zurückgekehrt wäre, was wäre denn passiert? Jedes Spielergebnis wäre, von der Öffentlichkeit und sicher auch bei Teilen des Teams, mit dem Coming-out in Verbindung gebracht worden, natürlich in erster Linie jedes negative

Ergebnis. Was wäre denn gewesen, wenn ein paar Spieler in der Mannschaft gesagt hätten: Ich zieh mich neben dem nicht mehr um? Das hätte der Trainer dann moderieren müssen. Nun hätte ich Felix Magath das absolut zugetraut – ich glaube, der hätte das gut gemacht. Aber wie gehen die Spieler damit um? Da waren 35 Leute im Kader, Hasan Salihamidzic, Mario Mandzukic, ein paar Südamerikaner, Kollegen wie Patrick Helmes, der immer und zu allem einen Spruch im Angebot hatte. So viele Leute, Ärzte, Physios – die gesamte Statik hätte sich verändert, ich hätte das Ganze ins Ungleichgewicht bringen können durch das Coming-out. Und wenn da Chaos entstanden und ich der Auslöser gewesen wäre, dann hätte es sich auf mich ja auch ausgewirkt.

Ich möchte kein Egoist sein, ich verstehe es als meine Aufgabe, anderen Menschen zu helfen. Aber ich kann das natürlich nur, wenn ich selbst in einer guten Verfassung bin. Ich kann nicht anfangen, Leuten helfen zu wollen, und dabei selbst zugrunde gehen.

Manche glauben: Wenn man es endlich sagt, wenn man sich befreit, dann ist man von dem Moment an sogar weniger verletzungsanfällig und spielt dann wieder richtig gut Fußball. Sie glauben: Der Körper dankt sozusagen dem Geist für die Entlastung. Vielleicht ist das so, oder es hätte so sein können. Aber nach dem Gespräch mit dem Anwalt und nach ewigem Grübeln hab ich das andere mehr befürchtet, das Gegenteil von Befreiung: zu blockieren. Das erste Spiel nach dem Coming-out: Von den Zeitungen wären zu dem Anlass natürlich ein paar Menschen mehr anwesend gewesen und hätten jeden meiner Schritte observiert. Und du stehst auf dem Platz und kannst nicht mal mehr den Ball stoppen – das war für mich die schlimmste Vorstellung. Die jüngste Leistungsbilanz war bei mir Vereinswechsel – Verletzung – Vereinswechsel – Verletzung. Wenn man in so einer Situation sagt: Jetzt oute ich mich – dann packt man noch ein irrsinniges Gewicht dazu. Und wenn man dann, unter diesem Druck, jeden Ball verstolpert – dann zahlt man auf das Konto genau derjenigen ein, die behaupten, dass die Schwulen eh alle psychisch labil sind. Und dann hätte ich nicht nur mich beschädigt, sondern auch die Botschaft, die ich transportieren wollte und will.

Das Interview kam also nicht raus, noch nicht. Ich versuchte es weiter in Wolfsburg, aber ich merkte: Ich kann nicht mehr. Ich hasste es, in die Kabine zu gehen. Wir haben den Vertrag nach ein paar Monaten im Frühjahr 2012 aufgelöst. »Es ist bedauerlich, dass Thomas bei uns von einer Verletzung in die andere gestolpert ist und uns so nicht helfen konnte«, sagte Felix Magath. Was man halt verlautbart in so einer Situation, immer in der Hoffnung, dass niemand zu hartnäckig nachfragt. Aber als Profi war ich eh ein erledigter Fall, wer sollte da noch groß nachfragen?

Ich war fertig mit Fußball, hatte durch die Vertragsauflösung auf sehr viel Geld verzichtet. Aber ich war auch frei.

Das war zu meinem 30. Geburtstag. Ich war damals, wie viele Wolfsburger Profis, manchmal in Berlin, dorthin habe ich danach die ganze Familie und Verwandtschaft eingeladen, ein Abschiedsfest. Denn wenn der Vertrag erst mal aufgelöst war, wollte ich nach Amerika.

In New York war ich erst bei einer Freundin und bin dann alleine weiter nach San Francisco. Da bin ich spät in der Nacht gelandet und eine Woche geblieben. Und es war grandios, es war: der Hammer. Wie die Leute ihr Leben feiern, wie auch die Homosexuellen ihr Leben feiern. Ich bin zurückgeflogen nach Deutschland, hab meinen Koffer gepackt und bin gleich noch mal drei Monate nach San Francisco gegangen, habe mir ein Apartment dort gemietet und bald auch meinen ersten Freund kennengelernt. Der nächste Schritt. Meine sexuelle Identität war nicht mehr nur ein Gedanke. Es war alles fühlbar jetzt, es war echt.

Ich habe in der Zeit auch den Spielfilm »Milk« gesehen, das Leben des Bürgerrechtlers Harvey Milk, erster offen schwuler Politiker in den USA. Ich las über ihn, und er, Harvey Milk, sprach zu mir. Einer seiner großen Sätze: »Wenn der Dialog erst einmal begonnen hat, weiß man, dass man Vorurteile abbauen kann.«

Und Fußball? Das war's dann doch mit Fußball, oder?

Noch nicht ganz. Ich habe zwei Wochen bei den San José Earthquakes mittrainiert, die amerikanische Profiliga könnte doch ganz interessant sein, dachte ich mir. Und geeignet zum Runterkommen. Aber das war ungefähr die einzige Saison, in der die Earthquakes wirklich gut waren, die brauchten einfach keinen mehr, nicht mal einen ehemaligen deutschen Nationalmannschaftskapitän mit seinem Hammerschuss. Das war's also wirklich mit Fußball? Noch immer nicht, ich wechselte noch einmal in die Premier League, Everton wollte mich, der blaue Stadtrivale vom roten FC Liverpool. Das war der nächste Schritt, hier wollte ich beides zusammenführen, mein öffentliches Leben als Fußballspieler und mein vor der Öffentlichkeit verborgenes Leben als schwuler Mann.

Wobei, so verborgen war es gar nicht mehr. Mein Freund aus San Francisco ist mit nach Liverpool gegangen, und ich habe also zum allerersten Mal mit einem Lebensgefährten zusammengelebt. Das wusste aber keiner. Wir haben in einem Hochhaus gewohnt, ein Apartment unter zig anderen, da gab es einen Security-Mann am Haupteingang, einen Doorman. Der war Fan des FC Liverpool und wird sich natürlich gedacht haben: Warum ist denn der Typ aus Amerika die ganze Zeit beim Hammer? Und da merkte ich wieder, dass diese Normalität, in der ich zu leben glaubte, doch nur eine vorgegaukelte Normalität war, begleitet von Unehrlichkeit, Unaufrichtigkeit und einem albernen Versteckspiel. Was, wenn jetzt der Doorman, um dem Stadtrivalen Everton zu schaden, zur Zeitung ging, zum Liverpool Echo, und denen sagte: Der Hammer lebt mit einem Mann?

Allein schon diese Gedanken ließen mich müde werden, fußballmüde. Genau wie die Erlebnisse in der Kabine, ich war inzwischen extrem sensibilisiert dafür. Ein Spieler lag auf der Massagebank und sagte zum Physio: Also wenn du schwul wärst – ich würde mich von dir nicht behandeln lassen, du dürftest mich nicht mal anfassen. Da war natürlich klar, wo die Reise hingegangen wäre, wenn ich mich geoutet hätte. In dieser Mannschaft – und vermutlich in jeder anderen auch. Aber das Schlimmste für mich war, dass ich keine Rolle mehr gespielt habe, weil ich nicht wichtig war für das Team. Es war eine paradoxe Situation, sie zeigte mir, dass ich raus war aus dem Fußball. Das Team brauchte mich nicht. Aber mein Coming-out hätte trotzdem alles aus der Balance bringen können in einer Mannschaft, der ich nichts mehr zu geben hatte.

Ich habe in der Premier League nur siebenmal für Everton gespielt, dann war es vorbei. Es war mir zu kompliziert geworden, die zwei Leben miteinander zu verbinden. Dann gab es einen Schlüsselmoment. Wir hatte ein paar Tage Pause, und dann haben wir nach der Pause Läufe gemacht, Sprint-Ausdauer, da war ich eigentlich immer ganz gut. Aber da hat irgendwie mein Kopf blockiert. Ich konnte nicht mehr, obwohl ich mehr trainiert hab als die anderen. Ich konnte nicht mehr.

Und mein Körper? Mein Körper hatte zu alldem nichts mehr zu sagen.

Im September 2013 habe ich meinen Rücktritt offiziell erklärt und in der *Süddeutschen Zeitung* ein Abschiedsinterview gegeben. Wer es heute liest, kann erkennen, um was es mir eigentlich ging, es ist ein Interview voller Andeutungen und Anspielungen. Ich kündigte, noch verklausuliert, den letzten Schritt an, den ich noch zu gehen hatte. Man muss akzeptieren, dass das Geschäft stärker ist als der Einzelne, habe ich zum Beispiel gesagt, und auch: Ich habe gemerkt: Ich brauche etwas ganz anderes. Irgendwann sagte der Reporter: Man hat das Gefühl, Sie sind mit sich im Reinen. Und ich: Das ist auch so.

Es gibt wahrscheinlich wenige Momente im Leben, in

denen man das sagen kann, aber ich habe das tatsächlich so empfunden.

Und ein halbes Jahr später habe ich mich dann wieder mit Carolin Emcke und Moritz Müller-Wirth zusammengesetzt, und wir haben das Interview noch einmal neu geführt. Im Sinne von Harvey Milk, aber vor allem in meinem eigenen: Ich wollte sprechen. Den Dialog in Gang bringen. Und ich wusste jetzt, dass ich es konnte. Ich wusste, was auf mich zukommen würde. Und ich wusste, dass ich damit umgehen kann. Denn ich war kein Fußballspieler mehr.

Allerdings gab es auch dann noch einmal einen dramatischen Rückzugsmoment. Am 23. Dezember 2013 hatten wir drei uns bei Carolin in der Wohnung getroffen – und uns versprochen, dass wir erst auseinandergehen, wenn das Interview steht. Ich war endlich bereit. Ich wollte nun, endlich, nach all der langen Zeit des Nachdenkens und Zögerns, offen sprechen über mich und meine Homosexualität. Nach mehr als 12 Stunden Gespräch hatten wir tief in der Nacht eine Fassung erstellt, mit der ich wirklich zufrieden war. Was dann geschah, kann ich nicht mehr genau rekonstruieren: jedenfalls hatten mich Freunde, die den Text lasen, doch wieder unsicher gemacht. Da waren sie wieder: die Warnungen aus dem Umfeld, die mir immer wieder abrieten. Ich nahm mir also ein Herz – und rief am 2. Weihnachtsfeiertag bei Moritz an: »Ich ziehe das Interview zurück.« Es muss für beide ein Schock gewesen sein. Am nächsten Tag rief er mich dann wieder an, nachdem er mit Carolin gesprochen hatte. Die beiden hätten mir »einen letzten Vorschlag« zu machen:

Sie kämen mit dem Manuskript nach München – und wir würden, ähnlich wie am Vorweihnachtstag, eine letzte Fassung erarbeiten. In einer letzten Nachtsitzung gingen wir den Text Silbe für Silbe durch, haben um jede Formulierung gerungen. Sie waren diesen langen Weg mit mir gegangen und nun das. Ich wollte diese Veröffentlichung, trotzdem haderte ich mit jedem Wort. Nur mit dem Vertrauen, das sich in der langen Zeit aufgebaut hatte zwischen uns dreien sind wir da durchgekommen. Am Ende gab es dann eine Fassung, und ich war auch tatsächlich bereit. Das sollte an die Öffentlichkeit. Wir unterschrieben alle das Dokument, als Zeichen der Einigung. Das war es nun endlich. Ich war erschöpft und erleichtert.

Von da an lag alles noch vor mir.

ALS ICH UNBESIEGBAR WAR –
DIE SPIELE MEINER KINDERWELT

Das Paradies: der Hof meiner Familie. Wagmühle, Ortsteil von Forstinning, Landkreis Ebersberg, östlich von München. In einem bayerischen Paradies ist niemand allein, da muhen die Kühe, da schmatzen die Schweine, da läuten die Glocken, da plätschert das Wasser im Bach hinterm Haus. So war das bei uns, genau so. So ist es noch immer. Wo ich herkomme, da leben, lieben, arbeiten die Menschen, da streiten sie, aber sie verlieren sich nicht dabei. In einem oberbayerischen Paradies rauft man und man versöhnt sich, da kann alles mit allem zusammengebracht werden. Genießen können und strebsam sein. Geht beides. Was das Strebsamsein angeht: Lange bevor ich 2007 mit dem VfB Stuttgart deutscher Meister wurde, hatten wir schon eine Gewinnerin auf dem Hof. Emilie wurde 1984 zur schönsten Kuh Deutschlands gewählt. Kann man stolz darauf sein, die schönste Kuh Deutschlands im Stall zu haben? Warum denn nicht? Zu Hause hängen immer noch die ganzen Plaketten, Würdigung der Jahresmilchleistung, Fotos von meinem Papa mit Emilie. »Unsere Miss Germany«, hat er gesagt.

In München-Grub gibt es eine Besamungsstation, da hat mich mein Papa mal mitgenommen, und ich habe mich echt dazu überreden lassen, dass ich mit so einem

Vorzeigebullen ein Foto mache. Ein Doppelporträt, sozusagen. Ich und der Superbulle. Da sind auch von einem Fotoladen in der Nähe Abzüge im Großformat gemacht worden, die liegen immer noch zu Hause.

Wenn bei uns eine Schlachtung anstand, kam ein Metzger und auch ein Fleischbeschauer, der später kontrollieren musste, ob das Fleisch tadellos ist. Für die Erwachsenen waren Schlachttage nicht gerade Lieblingstage, alle waren irgendwie nervös, und die Schweine spüren ja, dass es ihnen an den Kragen geht. Dann wurden sie mit einem Bolzenschussgerät erledigt – ein grauenvolles Geräusch.

Aber danach, als alles überstanden war, wurden alle eingeladen, Nachbarn und Freunde, dann gab es Kesselfleisch, das Schwein wurde verteilt, innerhalb der Familie und der Verwandtschaft. Jeder bekam etwas mit nach Hause.

Ich habe eine Schwester und fünf Brüder, alle älter als ich, ich bin der Jüngste, und dem Jüngsten lassen die anderen viel durchgehen, aber nicht alles. Ich war vielleicht vier oder fünf Jahre alt, noch nicht »The Hammer«, aber schon ein Hämmerchen. Ich drosch den Ball gegen die Hauswand, da bröckelte der Putz, und Opa Ludwig kam raus und hat mich geschimpft. Der hatte mit Fußball überhaupt gar nichts am Hut. Ich kloppte den Ball auch mal in ein Fenster, das Glas splitterte, da war der Opa tagelang sauer. Ich lernte früh, dass ich die Kraft haben könnte, das Paradies zu beschädigen, in dem ich aufwuchs. Und zwar mit meinem linken Fuß.

Es gibt in der Geschichte des deutschen Fußballs die berühmte Kategorie »Straßenfußballer«, zu der ich nicht zähle. Ich gehöre der noch selteneren Sorte »Wiesenfuß-baller« an. In meiner Erinnerung bin ich, als Kind, per-manent auf einer Wiese am Ball. Wenn du fünf Brüder hast, ist immer einer zum Kicken da. Mein ältester Bru-der, der später sogar in der Bayernliga gespielt hat, war damals mit dem VfB Forstinning in der Kreisklasse, erste Mannschaft, da war ich auch immer dabei. Ich schaute anderen beim Fußballspielen zu, wenn ich nicht selbst spielte. Aber wenn ich selbst spielte und wenn die an-deren mir zuschauten, zogen sie die Augenbrauen nach oben. Wer den Kennerblick hatte, konnte früh erkennen: Die Hitzlspergers würden nach der Kuh Emilie vielleicht bald wieder einen Meister am Start haben.

Ich war sechs, als meine Eltern mich in der F-Jugend beim VfB Forstinning anmeldeten. Von den 54 Saisonto-ren meiner Mannschaft schoss ich im ersten Jahr 52. Ein Trainer aus Forstinning kannte den F-Jugend-Coach vom FC Bayern: »Pass mal auf, guck dir mal diesen Jungen bei uns an.« Dann habe ich ein Probetraining bei Bayern ver-einbart, und danach wollten die Bayern mich haben. So fing es an.

So veränderte sich der Tagesablauf in meiner ganzen Familie. Schon Kinderfußball bindet viel Energie – jeden-falls, wenn man das Ganze einigermaßen ernsthaft angeht. Am Anfang gab es zweimal die Woche Training, Samstag oder Sonntag war dann Spiel. Ich musste also mindes-tens dreimal die Woche von Forstinning nach München chauffiert werden, den Fahrdienst hat meistens mein Papa übernommen. Nach München, beim Training zu-schauen, nach Forstinning zurück – da war er den halben

Tag gut mit mir beschäftigt. Er hat das sehr gern gemacht, aber er hat natürlich in der Zeit zu Hause auf dem Hof gefehlt, und das ging nur, weil die anderen seine Arbeit miterledigten. Meine Geschwister, die Mama. Auch die Großeltern haben damals noch auf dem Hof gelebt. Weil alle zusammengeholfen haben, konnte ich, der Kleinste, beim FC Bayern spielen.

Ich war wirklich gut damals, für mein Alter total abgeklärt vorm Tor, eine Art Frühvollendeter, das konnte man auch an den Ergebnissen ablesen. Wer mich im Team hatte, konnte praktisch nicht verlieren. Ich erinnere mich an ein E-Jugend-Turnier in Tettnang, da habe ich kurz vor Schluss im Finale gegen den VfB Stuttgart dem Libero den Ball abgeluchst und das 1:0 gemacht. Wir haben das Turnier gewonnen. Ich wurde bei diesen Meisterschaften oft bester Spieler und auch Torschützenkönig, dafür hat es dann manchmal Prämien gegeben, einmal sogar ein teures Mountainbike, das ich ohne den Fußball nicht bekommen hätte.

Mama hat zu der Zeit angefangen, jedes meiner Spiele zu archivieren. Sie notierte das Ergebnis. Und wie viele Tore ich geschossen habe. Die Zeitungsartikel hat sie ausgeschnitten und gesammelt. Die Box, in der diese Geschichten verwahrt sind, gibt es noch. In einem Text über mich stand: »Hitzlsperger: Wie Beckenbauer und Gerd Müller in einer Person«. Und das bedeutete natürlich was, wenn so etwas in der Zeitung stand. Das lasen die anderen schließlich auch, in Forstinning, in Ebersberg und noch weiter draußen. Das las sogar der Pfarrer. Meinen Eltern was es wichtig, dass die anderen gut von uns dachten, und es machte sie stolz, wenn in den Zeitungen gut über mich berichtet wurde. Dass ich meine Heldentaten ausgerechnet im Auftrag des FC Bayern vollbrachte, nahmen sie hin, allerdings übertrieben sie es nicht mit Jubel. Denn eigentlich sind die Hitzlspergers Sechzger.

In meiner Kinderwelt war meistens alles in der Balance. Ich bin zur Schule gegangen, habe Fußball gespielt, habe auf dem Hof geholfen, die Kühe gefüttert, den Stall ausgemistet. Verdrecktes Stroh mit der Forke auf den Misthaufen, frisches Stroh mit der Forke in den Stall. Aber ich musste nie zu viel arbeiten, meine Brüder haben mehr gemacht. Ich hatte Sonderrechte, wegen meines Talents. Ich war ja auch oft nicht da, weil ich mit dem FC Bayern irgendwo spielen musste. Aber wenn später dann jemand zu uns auf den Hof kam und sagte, wie toll ich in dem und dem Spiel gewesen war, oder wenn wieder was in der Zeitung stand, hatte ich diese Sonderbehandlung gerechtfertigt.

Manchmal hat einer meiner Brüder gesagt: Nicht die Bodenhaftung verlieren! Dass ich tatsächlich dazu geneigt hätte, überzuschnappen, kann ich nicht behaupten, man kann sich da selbst eh nicht verlässlich beurteilen, aber meine Geschwister wollten es gar nicht erst so weit kommen lassen. Mein Bruder sagt immer noch manchmal zu mir: Nur nicht arrogant werden, Tom. Aber ich habe meiner Familie, glaube ich, jetzt auch schon sehr lange bewiesen, dass ich in beiden Welten leben kann. Bei ihnen in Forstinning und in der Fußballwelt, die von Forstinning weit entfernt ist.

Als ich zehn, elf war, musste mein Vater mich nicht mehr

fahren, da nahm ich die S-Bahn. Abfahrt Markt Schwaben, über Feldkirchen, Berg am Laim, Ostbahnhof zum Rosenheimer Platz, dann mit dem Bus zur Silberhornstraße, mit der Tram zur Kurzstraße, die letzten Meter zur Säbener Straße zu Fuß. Noch später, ab der B-Jugend, hat der FC Bayern einen Fahrdienst für uns Jungfußballer eingerichtet, der uns zwischen Familie, Schule, Training hin- und herkutschierte. Es war die Zeit, als der FC Bayern noch dieser warme Großklub war, vom Patriarchen Uli Hoeneß zusammengehalten. Inzwischen, wo der Profifußball von vielen kritischer gesehen wird, kommt die Idee vom Familienverein FC Bayern wie eine PR-Maßnahme rüber, der Gegenwartsfußball wirkt von oben bis unten durchgestylt und kalt. Aber der Familienverein FC Bayern – den gab es früher wirklich, das stimmte alles. Damals war zum Beispiel Wolfgang Dremmler Chefscout im Klub, ein paar Jahre vorher war der noch als Nationalspieler bei der Weltmeisterschaft 1982 gewesen, sogar im Finale gegen Italien in der Startelf.

Wolfgang Dremmler war Vizeweltmeister, aber trotzdem kein Star. Das gab es damals noch. Einer, der gerade noch einer der erfolgreichsten Spieler des Landes gewesen war, zog das Trikot aus, legte die Klamotten sauber zusammen und trat nach der Karriere seinen Dienst in einem neuen Job an. Wurde Schreibwarenhändler oder Postbote. Oder Scout, Spielerbeobachter, wenn er beim Fußball bleiben wollte. Wolfgang Dremmler war schon als Spieler zuständig fürs Vorbereiten, Ausbügeln, Laufen, Erledigen gewesen. Ein Spieler, der die Arbeit macht. Genau der war er auch nach seiner Karriere geblieben.

Für den Fahrdienst hat man damals bei den Bayern ganz selbstverständlich jemanden wie Dremmler mitsamt seiner Familie eingespannt. Dremmlers Frau Sabine hat uns Jungs damals viel gefahren. Das waren rührend besorgte Menschen, die Dremmlers, Sabine hat uns für die Heimfahrt nach dem Training immer Brote geschmiert, auch ein kleines Snickers lag dann mit in der Tüte. So lieferte sie ein Talent nach dem anderen gut versorgt zu Hause ab. Ich war, glaube ich, der Vorletzte auf der Tour, und es konnte sein, dass ich erst abends um neun wieder daheim in Forstinning war. Am nächsten Morgen ging es von vorne los.

Ich trainierte, ich spielte. Meine Mutter schrieb alles auf. Jedes Ergebnis. Jedes Tor von mir. Ich spielte mit dem FC Bayern in Bayern und manchmal auch im Ausland. Einmal, in Viareggio, hatten wir ein Jugendturnier, da spielte für den Bayern-Nachwuchs der Stürmer Berkant Göktan. Gegner war der Nachwuchs von Juventus Turin, und dieser Göktan hat die auseinandergefieselt, unglaublich. Wir anderen saßen am Rand, und es nahm uns fast den Atem. Berkant Göktan war der mit Abstand beste Spieler, den ich gesehen habe.

Und hat danach, als Profi, nur ein paarmal in der Bundesliga gespielt, in der Türkei für Galatasaray und Besiktas. Hat getrunken und Drogen genommen, das hat er später selbst erzählt. Ist früh abgehoben und bald falsch abgebogen und hat keinen sicheren Grund mehr unter die Füße gekriegt.

Wie man sagt: Es reicht nicht, Talent zu haben. Man muss ihm auch gewachsen sein. Und man ist ihm am ehesten gewachsen, wenn man, wie ich, eine Familie hat, die einen mal runterholt, mal aufbaut. Je nachdem, was gerade nötig ist.

Zurück zur Kinderfußballzeit, ins Jahr 1990, als Deutschland Weltmeister wurde. Eine der glücklichsten Phasen der deutschen Fußballgeschichte und überhaupt der deutschen Geschichte, kurz nach dem Mauerfall. Auch ich wurde von dieser Euphorie des Augenblicks getragen, mit knapp acht Jahren. Alle konnten sehen, wohin die Euphorie mich trug, denn ich war regelmäßig im Werbefernsehen zu sehen.

Coca-Cola hatte einen Wettbewerb ausgerufen, gesucht wurde der »Weltmeister von morgen«. Es hieß zwar, sie hätten auf sämtlichen deutschen Fußballplätzen die Toptalente gesichtet, um ihre Kandidaten zu finden, aber wahrscheinlich haben sie einfach bei den großen Klubs gefragt: Wer sind bei euch die besten Spieler? Sechs Jungs wurden ausgewählt, von Bayern allein drei, neben mir war auch noch Tobi Thalhammer dabei, der später Politiker und Schlagersänger geworden ist. Wir sechs mussten ins Bavaria-Filmstudio und dort unseren besten Trick vorführen, heute würde man sagen: unseren signature move. Das wurde dann aufgezeichnet. Ich habe den Ball auf dem Kopf jongliert. Die glorreiche Idee von meinem Papa, der fand, dass ich das besonders gut konnte. Es gab das Gerücht, dass ein anderer der Bayern-Spieler angeblich irgendwelche Beziehungen zu der Filmcrew hatte, der wurde angeblich besser ausgeleuchtet und durfte angeblich auch länger jonglieren. Mein Vater hatte Bedenken: »Nicht, dass wir hier benachteiligt werden.«

Unsere Jongliererei kam dann tatsächlich in den Werbespots, Coca-Cola hat die sechs Kandidaten wochenlang präsentiert, die Zuschauer konnten ihren Favoriten auswählen. Sascha oder Tim oder Selcuk oder Frank oder Tobi. Oder mich. »Der kleine Thomas« war ich im Werbefernsehen, weizenblond, grünes Trikot, Zahnlücke, gerade 52 von 54 Saisontoren für den VfB Forstinning gemacht. Weil ich zu der Zeit unbesiegbar war, war ich auch bei diesem Wettbewerb unbesiegbar, die Zuschauer haben mich tatsächlich gewählt. Ich war also der Weltmeister von morgen. Und dann, absoluter Höhepunkt meiner frühen Popularität: Wie ich im Fernsehen vom neuen Bundestrainer Berti Vogts die Trophäe entgegennehme. Folgender Dialog ist überliefert und bei *Youtube* immer noch nachsehbar:

Vogts: »Thomas, herzlichen Glückwunsch. Du hat diesen tollen Pokal von Coca-Cola gewonnen.«

Ich: »Danke!«

Vogts: »Und ich nehm dich sogar mit nach Portugal, zum Training der deutschen A-Nationalmannschaft.«

Ich: »Klasse!«

Papa und ich sind also kurz danach tatsächlich in den Flieger gestiegen, in München-Riem damals noch, und nach Lissabon geflogen, zum Freundschaftsspiel der deutschen Nationalmannschaft gegen Portugal im Estádio da Luz. Ein Coca-Cola-Manager war extra für uns zuständig, Betreuer und Reiseleiter zugleich, Franz-Josef Groß-Onnebrink hieß der Mann, den Namen werde ich nie vergessen. Bei uns in Forstinning gibt es keine Koppelnamen – dass jemand so heißen konnte, hat mich

schwer beeindruckt. Der Name Franz-Josef Groß-Onnebrink klang für mich schon fast nach weiter Welt.

Papa und ich waren in dieser weiten Welt in vertausch-
ten Rollen unterwegs, auch dafür hatte mein Talent gesorgt. Nicht der Erwachsene nahm das Kind mit auf
große Fahrt. Ich war es, der ihn mitnahm. Aber das war
egal, denn für uns beide war das Ganze eine Riesenerfah-
rung, etwas komplett Neues für einen großen und einen
kleinen Menschen vom Land: am Meer sein. Wir waren
auch beim Training der deutschen Nationalmannschaft,
da durfte ich vor den Journalisten noch mal jonglieren,
immer den Ball schön mit dem Kopf in der Luft halten.
Mein Bruder zu Hause wollte unbedingt ein Trikot von
Rudi Völler, ich weiß nicht mehr, wer sich zu fragen getraut hat, mein Vater oder ich, jedenfalls haben wir das
gekriegt, Völlers Trikot mit der 9, die Namen waren damals noch nicht mit aufgedruckt. Das Trikot gibt es immer noch, und das sieht immer noch wie neu aus.

Ich habe tatsächlich öfter an meinen Sieg bei diesem
Wettbewerb gedacht, als ich Jahre später bei der Weltmeisterschaft 2006 in den Kader berufen wurde. Mit etwas Glück hätten die bei Coca-Cola sich als Propheten
erwiesen, beziehungsweise die Zuschauer, die damals
abgestimmt hatten. »Der kleine Thomas«, ihr Weltmeister von morgen, 1990 gekürt, durfte tatsächlich 2006 bei
der Weltmeisterschaft mitspielen, wurde aber nicht Weltmeister, nur WM-Dritter.

Nicht alle Versprechen werden wahr. Und auch nicht
alle Befürchtungen.

Ich hatte früh gelernt, dass ich die Kraft haben könnte,

das Paradies zu beschädigen, in dem ich aufwuchs. Und zwar mit meinem linken Fuß. Ich fürchtete später noch mal um dieses Paradies, es war der Moment, als ich meinen Eltern von meiner Homosexualität erzählen wollte oder musste. Das Interview in der *Zeit* würde bald rauskommen, sie sollten davon nicht überrascht werden. Sie sollten es vorher wissen. Das war ich ihnen schuldig.

Ich wusste nicht, wie meine Eltern reagieren würden. Ich wusste aber, wie man in Forstinning und Ebersberg über Schwule auch schon mal redet. Mal so gesagt: In ein oberbayerisches, katholisch geprägtes Paradies passten sie nicht unbedingt rein. Ich kannte nur einen, über den erzählt wurde, er wäre schwul. Man hat *über* diesen Mann gesprochen, man hat nicht *mit* ihm gesprochen. Es gab diese Berührungsängste, denn Schwulsein war damals, draußen auf dem Dorf, eine Form von Andersartigkeit, die nicht akzeptiert wurde, maximal wurde sie toleriert. Ich wusste nicht, wie meine Eltern reagieren würden, aber ich musste damit rechnen, nicht mehr alles in der Balance halten zu können, das war neu, davor hatte ich Angst.

Ich hatte meine Eltern in ein Restaurant eingeladen, mein ältester Bruder war auch dabei, der wusste lange Bescheid. Das Essen kam, ich trank ein Bier dazu und gleich noch eins, ganz nüchtern konnte ich das nicht über die Lippen bringen. Mein Vater hatte tatsächlich keinen Schimmer. Ich brachte ihn auf die Spur, sehr vorsichtig.

Irgendwann sagt er: »Aber das ist nicht das, was ich jetzt denk oder?« Und ich: »Doch Papa, das ist es.«

Wir sind erzogen, nicht anzuecken, nicht aufzufallen. Es sei denn, durch etwas allgemein Anerkanntes. Als

Fußballprofi war ich durch Leistung aufgefallen, aber jetzt musste ich ihm von meiner sexuellen Orientierung erzählen, von dem Interview. Ich musste ihn darauf vorbereiten, dass ich nach dem Coming-out maximal bekannt sein würde, und zwar nicht durch eine Leistung, also etwas, das man messen und in Tabellen eintragen kann. Ich würde anecken, aus der Masse herausstechen. Ich musste ihm erklären, dass es keine andere Möglichkeit gibt, für mich, und dass wir jetzt, als Familie, einen Weg finden müssen, damit umzugehen.

Damit war es raus.

Mein Papa hat dann ein paar Sätze losgelassen, die nicht so cool waren, aber ich war auf alles vorbereitet. Meine Mama war, wie Mütter so sind, einfühlsamer. Für sie war das kein Problem. Jedenfalls gab sie mir das Gefühl, es sei kein Problem.

Jeder kennt Aussprachen, nach denen die Welt anders ist. Man fiebert ihnen ewig entgegen, dann entlädt sich alles, und dann ist für einen Moment der Druck weg. Aber nur für den Moment, das Ganze ist eine Schein-Entlastung, denn sobald der eine Druck weg ist, baut sich neuer auf. Wenn alle noch mal drüber geschlafen haben – wie fühlt sich die andere Welt dann an? Hat jeder darin noch seinen Platz? Und gesteht jeder dem anderen noch seinen Platz zu?

Ich bin am Tag danach zu meinen Eltern gefahren. Da muhten die Kühe, da schmatzten die Schweine, da plätscherte das Wasser im Bach hinterm Haus. Da war alles wie immer. Für die Tiere.

Ich ging in die Küche. »Alles okay?«, fragte ich.

»Warum sollte es nicht okay sein?«, sagte meine Mutter.

»Wegen gestern. Ich wollte nur fragen, ob alles in Ordnung ist.«

»Was soll nicht in Ordnung sein?«

Es war, als hätte es den Abend vorher nicht gegeben. Dieses für mich so bedeutende Ereignis wurde gar nicht weiter erwähnt. Meine Eltern waren über Nacht übereingekommen, schweigend damit umzugehen. Sie hatten sich auf ein wortloses Einverständnis geeinigt. Vielleicht hätte ich mir in dem Moment mehr Empathie gewünscht. Andererseits, das war mir auch klar, konnte ich ihnen jetzt nicht noch mehr abverlangen, als ich ihnen schon abverlangt hatte.

Meine Eltern sind später offenbar öfter auf das Interview angesprochen worden. Mein Coming-out wurde von vielen gelobt, der Mut, die Offenheit, und das Echo all dieser Reaktionen hat sich auch nach Forstinning weiterverbreitet und bis dorthin herumgesprochen. Sie werden gespürt haben: der Bub hat was Gutes gemacht, das wird ja überall gesagt. Er ist aufgefallen, aber er ist positiv aufgefallen. Meinen Eltern war es eben wichtig, dass die anderen gut von uns denken. Und jetzt lernten sie: die anderen denken immer noch gut von uns.

Ich habe mit meinen Eltern nicht mehr über diesen Abend damals geredet, nie mehr. Aber ich habe trotzdem ein gutes Verhältnis zu ihnen. Wir sind uns nicht verloren gegangen.

Manchmal gibt es Unausgesprochenes, das zwischen Menschen steht. Und manchmal ist einfach alles gesagt.

HITZ, THE HAMMER –
MEIN LEBEN ALS ENGLÄNDER

Wenn Mut eine Eigenschaft meines Charakters ist, dann war es sicher auch dieser Mut, der mich in die Premier League gebracht hat. Mut bringt einen an die wunderbarsten Plätze. Aber erst mal hat mich dieser Mut ins Büro von Uli Hoeneß gebracht.

Ich war Jugendspieler beim FC Bayern, ich war ganz gut, immer unter den besten drei, vier, fünf Talenten meines Jahrgangs, aber nicht mehr so herausragend wie zur Kinderzeit. Dann wurden jedes Jahr ein paar Spieler aussortiert, neue Spieler aus dem Ausland kamen dazu, und irgendwann hatte ich das Gefühl: Wird wahrscheinlich für mich nicht reichen, um in die erste Mannschaft zu kommen, in die Bundesliga. Zu der Zeit, Ende 1999, war ich mit der deutschen U 17 bei der Jugend-Weltmeisterschaft in Neuseeland, und da trieb sich auch ein Spielerberater rum, ein Schotte, der in Australien gelebt hat. Der hat den Spielern seine Karte gegeben: »Ich kann euch helfen, nach England zu kommen«, so ganz plump halt. Und ich dachte: Hey, warum nicht? Das war vielleicht Mut, angetrieben und befeuert von Trotz und Enttäuschung. Ich hatte schließlich keinen Vertrag bei Bayern und war deshalb ein bisschen beleidigt: Die Stuttgarter und Dortmunder Jugendspieler hatten schon Verträge, Amateurverträge. Da habe ich mir gesagt: Ich kann jeden Tag woanders hingehen, wenn ich will, und so habe ich den Spielerberater dann tatsächlich angerufen. Und der hatte nicht mal zu viel versprochen, denn kurz danach meldete er sich: Aston Villa würde mich zum Probetraining einladen. Aston Villa war zwar nicht London, nicht Liverpool, aber immerhin Birmingham.

Nun konnte ich nicht einfach eine Woche beim Training des FC Bayern fehlen, ich brauchte eine Ausrede, und dafür habe ich sogar meinen Chef in dem Betrieb in Kirchheim eingespannt, bei dem ich meine Lehre zum Bürokaufmann machte. Der hat mich immer unterstützt, der war Fußballfan und einfach ein großzügiger Mensch. Dem habe ich sehr viel zu verdanken, aber ich habe es bis heute nicht geschafft, mich erkenntlich zu zeigen, in der angemessenen Weise. Damals wurde er mein Komplize. Wir verabredeten einen Grund für meine Abwesenheit: Ich müsse eine Woche in der Niederlassung in Berlin arbeiten. So habe ich es auch meinen Eltern und allen bei den Bayern gesagt, auch Roman Grill, meinem Trainer.

Dann bin ich im Februar 2000 nach Birmingham geflogen und habe da bei der Jugend von Aston Villa mittrainiert. Ich wusste, wo ich hinmusste. Mein Bruder Andi hatte mir alles Mögliche ausgedruckt über Birmingham, Stadtpläne, Sehenswürdigkeiten. Der ist Sechzger durch und durch und wollte mir wahrscheinlich Birmingham noch schmackhafter machen, damit ich auch wirklich da hingehe. Hauptsache weg von den Roten.

Der Coach bei Aston Villa ging mit uns in eine Halle und ließ uns gegen eine Betonwand schießen. Diese Versuchsanordnung kannte ich, früher hatte ich im Futtersilo hinter dem Bauernhof den Ball gegen die Wand gedroschen, wenn meine Brüder nicht mit mir spielen wollten. Meine in frühester Kindheit angelegte und im Lauf der Jahre bei der Bayernjugend perfektionierte Schusstechnik fanden die super bei Aston Villa, die konnten gar nicht glauben, dass ich keinen Vertrag hatte, und nach zwei Tagen wollten sie mich auch im Spiel beobachten. Dafür braucht man eine Versicherung, die mussten sich absichern, falls ich mich verletze. Um die Versicherung abzuschließen, haben sie dann ein Fax zum FC Bayern geschickt. So flog alles auf.

Ich war happy, wie die Woche bei Aston Villa gelaufen war, sie boten mir einen Vertrag an, auch die Premier League schien auf einmal erreichbar. Ich war 17, irgendwie schien ich zu fliegen, aber dann musste ich zurück nach München und landete direkt im Büro von Uli Hoeneß. Mein Trainer Roman Grill war auch da, und mein Vater auch, der von der Sache mit dem Probetraining genauso wenig gewusst hatte wie die anderen. Hoeneß hat mir den Kopf gewaschen. Was mir eigentlich einfiele. Wenn ich zu Real oder Manchester gehen würde – alles okay. Aber Aston Villa – das ist doch völliger Schwachsinn. Mein Vater sagte Gott sei Dank nicht viel, aber im Grunde seines Herzens wollte er eher Uli Hoeneß zustimmen, das wusste ich. Bua, was willst denn da? Das war seine Haltung. Mein Papa wollte nicht, dass ich geh – bist doch Deutscher, was willst denn in England? Und was gibt es denn da überhaupt zu essen? Sein Traum war es, mich einmal im Olympiastadion spielen zu sehen, am besten für die Sechzger, zur Not auch für die Bayern. Den Traum würde ich zerstören, wenn ich wechselte, und es tat mir weh, den Traum meines Vaters zerstören zu müssen. Aber es ging hier um mich.

Es war also Mut, der mich dann, im Sommer 2000, mit gerade 18 Jahren, trotzdem nach Birmingham gehen ließ, es war Trotz und verletzter Stolz, auch Neugier. Eine Mischung aus vielem. Ein Wechsel ohne Rückkehrrecht nach München. Ich wollte mir keine Hintertür in den Vertrag verhandeln lassen. Vielleicht war es auch Wagemut. Ich wollte mich ja durchsetzen bei Aston Villa. Es war noch nicht wie heute, wo man im Bezahlfernsehen sämtliche Spiele aus England sehen kann, und Deutsche spielten da sowieso kaum. Wenn damals ein Fußballer ins Ausland ging, war es so, als würde er sich verabschieden aus der Welt. Er wurde, sobald er den Vertrag unterschrieben hatte, unsichtbar für die, die zu Hause blieben.

Bei Aston Villa spielte ich in der U 19, aber sie hatten mir in Aussicht gestellt, dass ich bald bei den Profis dabei sein würde. Und dann ging es ein Jahr lang immer nur bergab. Ich habe zuerst bei den Profis mittrainiert, aber für die Premier League reichte es nicht. 16 Mann waren im Kader, aber der Trainer hat sicherheitshalber immer zwei mehr einbestellt, unter anderem mich, damit er Ersatz hat, wenn am Spieltag jemand plötzlich krank wird. 18 Leute also in der Kabine, zwei werden nicht gebraucht, und ich war meistens einer von denen, auch bei Auswärtsspielen. Du fährst mit, übernachtest im Hotel. Und erst auf dem Weg zum Stadion sagt dann der Trainer: »Okay, diese Jungs spielen, auf der Bank sitzt der, der und der. Und ihr zwei Osterhasen könnt hinterher dann die Klamotten wieder einsammeln.«

Nach dem Spiel in der Kabine, das ist eine spezielle Erfahrung: Die Spieler rotzen auf den Boden, die schmeißen ihr Zeug da hin. Und die, die es nicht in den Kader geschafft haben, müssen dem Zeugwart helfen, die Stutzen richtig rum zu drehen, alles in den Koffer zu packen und die Sachen zu schleppen.

Einmal, gegen Coventry, war ich im Kader, saß aber nur auf der Bank. Und gegen Liverpool hab ich einen Kurzeinsatz bekommen. Am Ende der ersten Saison hatte ich das Gefühl: Okay, das Ding läuft hier nicht. Der Trainer der Profis, John Gregory, war ein typischer Gaffer. Gaffer, das ist der Boss in einem englischen Klub. Brian Clough in Nottingham war einer der berüchtigsten Gaffer. Ein Gaffer ist mehr als ein Trainer, ein Gaffer hat das große Ganze im Griff. Und John Gregory war ein klassischer Gaffer in seinem ganzen Auftreten, in diesem Selbstbewusstsein, in diesem rotzigen Fluchen, Gegen-Türen-Schlagen. Der fand mich irgendwie cool, weil ich so fest schießen konnte. Als ich verpflichtet wurde, sagte er über mich: »This man can open a tin of beans with his left foot.« Diese bildhafte Sprache – dafür haben sie ein Gefühl in England. Aber gut genug, um in seiner Mannschaft zu spielen, war ich dann doch nicht.

Trotzdem war es kein verschenktes Jahr. Es gibt den Fußball, und es gibt das Leben neben dem Fußball, und in dem bekam ich einiges mit. In der Kabine wurde Schottisch gesprochen, Walisisch, Nordirisch, Irisch und Englisch, dieses Brummie-Englisch, den Dialekt der Gegend.

Ich musste schnell lernen, in der Kabine war außer mir kein anderer Deutscher. Und wenn du halt Dinge, die du nicht kennst, dann mit dem Dialekt lernst, dann fängst du an, auch so zu sprechen. Nach einem Jahr oder so habe ich mit Birminghamer Akzent gesprochen, das lieben die Engländer. Wenn du als Ausländer kommst und dann nicht nur sauberes Schulenglisch sprichst, sondern den Dialekt draufhast. Wenn du es nicht erlernst, sondern erfühlst. So zu sprechen wie die Leute, schafft Nähe. Wie ein Bekenntnis: Du bist ein Teil ihres Lebens geworden. Wie sehr, habe ich bei verschiedenen Anlässen gespürt. Es gibt in Birmingham zum Beispiel den German Christmas Market, der größte deutsche Weihnachtsmarkt außerhalb Deutschlands. Es gibt dort Brezeln, gebrannte Mandeln, Glühwein. Den Markt durfte ich eröffnen.

In Liverpool ist der Däne Jan Mølby bis heute ein Idol. Auch weil er erstaunlich korpulent war, jedenfalls für einen aktiven Fußballer, jeder kennt den Spruch seines Trainers Graeme Souness: »Er ist der einzige Spieler, der während eines Spiels zunimmt.« Aber eben auch, weil er den Liverpooler Scouse-Dialekt brutal gut draufgehabt haben muss. Didi Hamann ist später dann ja auch ein Scouser ehrenhalber geworden.

Der Dialekt hat sich bei mir mit der Zeit verloren. Aber es gibt immer noch ein paar Wörter, wenn ich die ausspreche, würden Menschen aus Birmingham sagen: »Ah, da ist noch was da.« Umgekehrt würde ich behaupten, dass ich ein feines Gespür dafür entwickelt habe, wer woher stammt. Es war immer spannend, das irgendwie rauszufiltern und dann zu fragen, ob ich recht hatte. Meistens hatte ich recht. Ich würde sagen: Ich könnte Nordirisch von Irisch unterscheiden.

Mein Leben als Engländer nahm also Fahrt auf, und diese Fahrt wurde zu einer wilden Busreise, als ich das Angebot bekam, mich vorübergehend nach Chesterfield ausleihen zu lassen. Bei Aston Villa lief es nicht richtig, und ich wusste damals schon, dass es das in England gibt: Leihen, auch nur für vier Wochen oder drei Monate. Ein Wechsel nach Chesterfield wäre also keine Lebensentscheidung – aber ich kam doch von Bayern München. Und sollte sich einer, der von Bayern München kommt, tatsächlich zum FC Chesterfield ausleihen lassen, damals Tabellen-Neunzehnter der Dritten Liga? Sollte einer, der von Bayern München kommt, in die Grafschaft Derbyshire wechseln? In eine Stadt mit siebzigtausend Einwohnern, Kennzeichen ist die Kirche St. Mary and All Saints. Diese Kirche ist eine Touristenattraktion. Aber nicht, weil ein Heiliger dort Wunder vollbracht hätte, sondern weil die Kirchturmspitze schief ist. Weshalb die Spieler des FC Chesterfield auch The Spireites genannt werden. Die Turmspitzen.

Mein Trainer bei Aston Villa sagte: »Das ist genau das, was du brauchst. Da geht's hart zur Sache, du kriegst Spiele.« Das war an einem Freitag, an diesem Freitag habe ich die ganzen Dokumente unterschrieben, und am Samstag war schon ein Spiel des FC Chesterfield in Blackpool. Weil es schnell gehen musste, haben die mich an einer Raststätte abgeholt. Ich steige also an dieser Raststätte in den Mannschaftsbus vom FC Chesterfield ein, und ich habe die Menschen, die da drinsitzen und mit denen ich dann gleich Fußball spielen soll, noch nie gesehen.

Ich war auch tatsächlich gleich im Kader, saß aber nur auf der Bank, und von der Bank aus hab ich mir das Spiel meiner neuen Mannschaft in Blackpool angeschaut und, ohne zu spielen, zu einer Art Selbstbewusstsein zurückgefunden. Ich sah das und dachte mir: Wenn ich es hier nicht ins Team schaffe, kann ich sofort nach Hause fahren, dann kann ich aufhören mit Fußball.

Zwei Tage später: erstes Training in Chesterfield. Ich gehe in die Kabine, hab meinen Waschbeutel dabei, aber die haben keine Trainingsklamotten für mich. Es war nicht so, wie ich das von Aston Villa kannte, wo schon in der Jugend alles schön gebügelt und gefaltet auf dem Stammplatz in der Kabine bereitliegt, T-Shirt, Unterhose, Socken, Pullover, lange Hose. In Chesterfield lag da nichts. So musste ich mir das Zeug von Kollegen zusammenleihen. Trainiert wurde an einer öffentlichen Schule, da waren mehrere Plätze. Zustand: Vollkatastrophe. Aber als ich da mittrainierte, hat sich der Eindruck doch verfestigt: Ich kann hier mithalten. Das merkte ich einfach. Aber ich musste das jetzt auch unter Beweis stellen.

Wir haben dann in Cardiff gespielt. Ninian Park, zehntausend Zuschauer, das war dann schon echt cool. Und obwohl wir das Spiel verloren haben, fand ich mich super. Ich habe sogar angefangen zu dribbeln, was ich selten gemacht habe, ich bin eigentlich kein Dribbler. Aber da hab ich es mir zugetraut. Ich wusste: Ich muss hier zeigen, dass ich gut genug bin. Und dann haben die mich auch oft angespielt, ich habe viel riskiert. Cardiff gegen Chesterfield, 10. November 2001. Vielleicht, wenn ich das Spiel noch mal sehen würde, käme es mir heute weniger beeindruckend vor. Aber in meiner Erinnerung: Eines der besten Spiele meiner gesamten Karriere. Von dem natürlich in der Öffentlichkeit keiner was mitgekriegt hat. Aber darauf kommt es manchmal gar nicht an.

Insgesamt waren es sechs oder sieben Wochen, die ich dann bei Chesterfield war. Sie spielten klassischen englischen Kick-and-Rush-Fußball. Es ging da schon wild zu, technisch eher anspruchslos. Aber ich hab's geliebt. Das kleine Stadion, dieses Improvisierte beim Training. Der Trainer hat mich geschätzt, die Leute mochten mich auch. Ich war halt gut und bin nicht abgehoben.

Das Trikot aus Chesterfield habe ich bis heute aufbewahrt.

Sie haben mich dann bald zurückgeholt zu Aston Villa, der Trainer war kurz danach weg: John Gregory, der Gaffer, der mit mir nichts anfangen konnte. Es kam Graham Taylor, und nach meiner Rückkehr haben wir in der Premier League bei Manchester gespielt, und ich war im Kader. Das war am Tag vor dem Geburtstag meiner Mutter, 23. Februar. Der neue Trainer fand mich gut. Es war wahrscheinlich auch so ein bisschen dieser Felix-Magath-Effekt: Ich bin hier jetzt der Neue, da schmeiß ich einfach einen Nachwuchsmann rein. Finden die Leute immer gut. Wenn's nicht läuft, einfach mal einen von den Jungen ins kalte Wasser werfen – das ist ein bevorzugter Ratschlag aller Hobbytrainer in sämtlichen Vereinsforen der Welt.

Aber ich habe eben auch geliefert. In der 63. Minute hat er mich eingewechselt. Ich war total aufgeregt. Das Gute ist: Wenn ich aufgeregt bin, dann lauf ich. Ich hatte solche Angst, dass ich einfach losgelaufen bin, die körperliche Aktivität half mir gegen die Angst. Ich wurde getrieben von meiner Aufregung, aber auch getragen von dem frischen Selbstbewusstsein aus meinen paar Wochen in Chesterfield. Ich dachte: Jetzt ist der Moment. Lauf, damit es nicht der letzte Moment ist. Ich habe dann einmal aufs Tor geschossen und irgendwie gemerkt: Der Reflex bei mir ist der richtige. Ich habe immer Angst gehabt vor Vollversagen. Aber jetzt musste ich in die Situation rein, musste mich ihr ausliefern.

Ich habe so gut gespielt, dass ich in der Woche drauf im Heimspiel von Beginn an dabei war. Aston Villa gegen West Ham United, 2:1 gewonnen, durch ein Tor von Darius Vassell in der letzten Minute. Und ich wurde Man of the Match. Da gibt es immer Matchday-Sponsoren, die wählen den Man of the Match, und dann gehst du in deren Loge, hältst einen kurzen Talk und kriegst als Prämie für deine herausragende Leistung ein Geschenk. Ich bekam noise-canceling Kopfhörer von Sony. So was hatte ich vorher noch nie gesehen, auf die war ich schon stolz.

Und dann war ich drin. Dann war ich in der Startelf. Ich habe es Graham Taylor zu verdanken. Weil der in mir etwas gesehen hat, was John Gregory nicht gesehen hat. Und als ich die Chance bekommen habe, hat es geklappt. Ich war gut genug. Das hatte ich den anderen bewiesen, und mir selbst. Von da an ging's dann weiter.

Ich war insgesamt fünf Jahre bei Aston Villa, eine Ewigkeit. Birmingham ist als Stadt eher so, dass viele einen Bogen drumrum machen. Aber ich hatte genug Gründe, die Stadt zu mögen, auch wenn es fußballerisch eigentlich immer mehr Abstiegskampf war als Meisterkampf. Dieser beschissene Kampf gegen den Abstieg kostet so viel Kraft, die Unsicherheit legt sich übers ganze Leben, dieses ewige Gefühl, irgendwie in Gefahr zu sein, greift nach dir, wenn du nicht aufpasst. Es verfolgt dich in deine Träume. Der Autor Carlos Castaneda hat die Gefühlswelt eines Menschen im Abstiegskampf perfekt beschrieben: »Sobald man sich sorgt, klammert man sich aus Verzweiflung wahllos an alles Mögliche. Und sobald man sich anklammert, wird man sich unweigerlich erschöpfen. Oder man erschöpft denjenigen oder dasjenige, woran man sich klammert.« So ist es, genau so.

Aber einmal, 2003/2004, hatten wir eine gute Phase, da haben wir uns fast für den Europacup qualifiziert. Da war alles ganz leicht. Mal nicht in der Defensive sein und sich wünschen, dass es glimpflich abgeht: Hoffentlich verlieren wir nicht am Wochenende und haben dann wieder Stress. Sondern: Ich freue mich aufs Spiel, wir fühlen uns gut als Mannschaft. Der Gegner muss uns erst mal schlagen. Das sind Phasen, in denen man jeden Tag gern ins Training geht, ich habe das in Stuttgart später, in der Meistersaison 2006/2007, noch mal so erlebt. Wenn du im Flow bist, und deine Mannschaft ist auch im Flow. Und dann war das damals, in der goldenen Saison bei Aston Villa, auch noch so ein Bilderbuchfrühling. Du kommst aus dieser Christmas Period, der Januar kann zäh sein, aber dann, wenn es anfängt, wärmer zu werden, die Sonne scheint, du gewinnst deine Spiele, dann bist du einfach gern Profi.

Ich weiß nicht mehr, wann es genau losging, aber von

einem bestimmten Moment an hat das halbe Stadion »Shoot!« gebrüllt, immer wenn ich am Ball war. Egal, wo ich war auf dem Platz, auch im Mittelkreis. Shooooot! Ich habe erst gedacht, die buhen mich aus, bis ich verstanden habe, worum es denen geht. Die wollten, dass ich schieße. Das ist im Lauf der Zeit dann ein Running Gag geworden, weil sie das eben beeindruckend fanden, dass ich so fest draufhalten konnte. Und dann ist das natürlich auch wieder dieses englische Element, dass sie sich aus allem einen Spaß machen. Natürlich wissen die, dass ich aus dem Mittelkreis nicht draufhalten werde und dass es auch gar keinen Sinn machen würde. Aber das ist nicht so wichtig, wichtig ist dieser Moment, gemeinsam Shooooot zu brüllen, das wird irgendwann zu einem Ritual. Das habe ich auch geliebt: Diese sehr englische Überzeugung, dass man Fußball ernst nehmen muss, um über ihn lachen zu können.

Ich erinnere mich an ein Spiel mit West Ham in Wigan, auch eines der besonderen Spiele meiner Karriere, obwohl wir 2:3 verloren haben. Dabei hatten wir doch schon 2:0 geführt. Zweimal Demba Ba, zweimal auf Vorlage von mir. Und dann kommt Wigan noch mal zurück, es war eines dieser Spiele, bei denen sich alle gegenseitig mitreißen, da bringen alle noch mal die ganze Restenergie auf dem Platz, die sie noch haben, am Ende der Saison. Und dann dreht sich noch mal alles, die gleichen sogar aus, und in der vierten Minute der Verlängerung lässt unser Keeper Robert Green einen Eierball rein, wir sind abgestiegen. Es hat geregnet, eigentlich ein von vorn bis hinten beschissener Tag. Jeder weiß ja, was in

Deutschland passiert, wenn man abgestiegen ist, wie die Zuschauer einen in dem Moment hassen.

Aber wir, frisch abgestiegen, liefen tapfer in die Kurve und holten uns Applaus ab. Auch Beschimpfungen, klar. Den Einsatz in dieser letzten Schlacht in der Premier League, den erkannten die meisten Fans trotz allem an. Sie hatten diese Größe, uns nach dem Abstiegsspiel noch Beifall zu klatschen, traurigen Beifall zwar. Aber Beifall ist Beifall.

In einem meiner ersten Spiele mit Aston Villa gegen Arsenal London wollte ich mein Trikot mit Thierry Henry tauschen, damals ein Superstar bei Arsenal. Genauer gesagt wollte ich einen Wunsch erfüllen: Ein Bekannter aus Forstinning hatte mir damals viel geholfen, am Anfang war der manchmal auch in England dabei und hat übersetzt. Der ist Arsenal-Fan und hatte einen Herzenswunsch: »Wenn du mir einen Gefallen tun willst – besorg mir das Trikot vom Thierry Henry.« Also frage ich Thierry Henry nach dem Spiel. Und der schüttelt den Kopf. Er gibt's mir nicht, das Trikot. Der hat mich einfach weggesnobbt, das tat schon weh. Als Spieler ist man anderes gewohnt, man ist immer der, der gefragt wird, man muss sich um vieles gar nicht mehr bemühen. Und dann lässt Thierry Henry mich stehen wie einen Autogrammsammler.

Der Moment hing mir erstaunlich lange nach. Fear of rejection, sagen die Engländer, Furcht vor Zurückweisung. Thierry Henry wird nicht im Ansatz ahnen, wie er das Trikottauschverhalten meiner gesamten Karriere geprägt hat. Ich habe auch danach die ganz großen Stars nicht nach ihrem Trikot gefragt, die Fear of rejection stand zu deutlich im Raum. Nach jedem Spiel schwebte Thierry Henry über mir und raunte mir zu: Überleg's dir lieber zweimal, wen du jetzt ansprichst! Ich fragte also nur diejenigen nach ihrem Trikot, bei denen ich mir halbwegs sicher sein konnte, dass ich's auch kriege. Eigentlich habe ich nur mit Leuten getauscht, die ich gut kannte. Ich habe ein Trikot von Philipp Böning, mit dessen Bruder hatte ich in der Bayern-Jugend gespielt. Moritz Volz hat mir später ein Sechzger-Trikot gegeben, und von Askan Dejagah habe ich eins aus seiner Zeit in Fulham – mit dem hatte ich vorher in Wolfsburg zusammengespielt.

Aber einmal habe ich mich doch getraut, einen richtig Großen anzuhauen. Den Spanier Cesc Fàbregas, nach dem EM-Finale 2008. Ich war genervt, dass wir verloren hatten, aber es war nicht so eine richtige Trauer, ich war immer noch handlungsfähig. Da bin ich nach dem Spiel rüber zur spanischen Kabine, Mario Gomez war auch dabei, der kann Spanisch. Fàbregas gab mir das verschwitzte Hemd, er kannte mich aus der Premier League. Das ist ganz schön, das Trikot, klassisch, edel. Spanien, Nummer 10. Habe ich danach ein paarmal privat beim Kicken getragen. Jedes Mal: große Begeisterung bei sämtlichen Mitspielern.

Von Trikots abgesehen: Ich habe sieben Jahre Fußball in England gespielt und nie was gewonnen. Trotzdem: Zu mir ist England immer gut gewesen. Jeder Fußballer, machen wir uns nichts vor, will was Besonderes sein. Und ich hatte einen Spitznamen, der Hammer, und die Leute brüllten Shooooot, wenn ich am Ball war, das alles hatte mir England geschenkt.

Sogar mein Vater hat irgendwann seine Skepsis überwunden. Bua, was willst denn da? Die Frage stand immer noch im Raum. Er kam mich besuchen, um nachzusehen, was ich da will, er saß sogar im Stadion, Leicester gegen Aston Villa, 20. April 2002, unvergesslich. Denn in dem Spiel habe ich mein erstes Tor in der Premier League geschossen, vom Strafraumrand habe ich den Ball mit rechts versenkt, das Führungstor, am Ende spielten wir 2:2. Und Papa war da.

Zu mir ist England immer gut gewesen.

ZWEI SOMMERMÄRCHEN – WELTMEISTERSCHAFT 2006 UND EUROPAMEISTERSCHAFT 2008

Irgendwann kommt für jeden Fußballer bei einem Turnier der Moment der Erkenntnis, und bei der Weltmeisterschaft 2006 kam er für mich vor dem Spiel gegen Ecuador. Berliner Olympiastadion, Abschluss der Vorrunde, wir waren schon fürs Achtelfinale qualifiziert, zwei Siege gegen Costa Rica und Polen, aber ich hatte keine Minute gespielt. Dabei war mein Gefühl: Ich bin überragend. Ich bin so gut, ich marschiere hier jeden Tag im Training, bin top drauf, und der Trainer lässt mich nicht ran. Gegen Ecuador könnte was gehen, das war meine Hoffnung, aber dann blieb Jürgen Klinsmann bei seiner Stamm-Aufstellung, Robert Huth kam in der Innenverteidigung für Christoph Metzelder, der hatte was am Knie. Ich war weiter draußen. Da wurde mir allmählich klar: Du wirst bei dieser Weltmeisterschaft Statist bleiben. Das war der Moment der Erkenntnis. Es lief ohne mich.

Es lief dann ohne mich auch beim Ecuador-Spiel. Herrlicher Sommertag, schlagbarer Gegner, 3:0, die deutsche Nationalmannschaft hatte längst bewiesen, dass sie besser war, als alle gedacht hatten. Alles passte. Was draußen im Land los war, hat man in der Mannschaft natürlich gespürt, ich kannte die Stimmung von den Telefonaten mit den Eltern und Geschwistern zu Hause. Immer Traumwetter, die Leute treffen sich zu den Spielen, und jeder hat gute Laune. Aus meinem Blickwinkel als Fußballer sah das Ganze noch mal anders aus. Bei dieser Weltmeisterschaft war so deutlich wie selten zu spüren, was damit gemeint ist, wenn jemand sagt: Die oder die Mannschaft hat gerade einen Lauf, die Möglichkeiten der Einzelnen potenzieren sich im Zusammenspiel. Man kennt das aus der Bundesliga: Der Teamgeist hievt die Frequenz vieler Spieler einer Mannschaft auf ein höheres Level. Diese Mannschaft spielt dann tatsächlich eine Zeit lang besser, als sie eigentlich spielen kann. Woher diese Zusatzkräfte stammen, die ihr zuwachsen, kann man nur aus der Situation heraus erklären. Zu dem, was geplant werden kann, kommt auch etwas Nicht-Planbares, die Leistung auf dem Platz verbindet sich mit äußeren Faktoren, die man schwer steuern kann. Da ist etwas Rationales, aber auch etwas Irrationales, und diese Verbindung hat es dann ausgemacht. Wenn Franz Beckenbauer, der Kaiser, als Organisationschef mit dem Hubschrauber über das Land fliegt und dafür sorgt, dass immer die Sonne scheint und mit den Rotorblättern die Wolken erledigt, ist das natürlich Kinderbuch-Folklore. Aber das Wetter untermalte unseren Lauf nicht nur, es gehörte zum Lauf dazu.

Allerdings: Wenn man die Tore nicht macht, liegt alles andere quer. Wenn man die Tore nicht macht, feiert keiner das Wetter, dann jammern alle über die Hitze. Auch das gehört zu jedem Lauf dazu: dass die richtigen Entscheidungen getroffen und die Tore eben geschossen werden, gern auch im allerletzten Augenblick. Und es war immer verdammt knapp, man muss es sich noch mal kurz klarmachen: Die deutsche Nationalmannschaft hatte, hundert Tage vor der Weltmeisterschaft im eigenen Land, in Florenz noch gegen Italien 1:4 verloren. Sie hatte in ihren neuen Trikots gespielt, knallrot. Noch so eine Idee von Jürgen Klinsmann, mit der viele Traditionalisten und Romantiker nichts anfangen konnten, für die Deutschland Schwarz-Weiß zu tragen hat: Aggressivität, Leidenschaft, Neugier sollte mit dieser neuen Trikotfarbe ausgedrückt werden. Und man hatte sogar recherchiert, dass man in Rot am häufigsten gewinnt. Aber das sogenannte Echo nach diesem Spiel war eindeutig. Jürgen Klinsmann, dieser Projektleiter, dieser Erneuerer, der immer aus Kalifornien zu den Spielen geflogen war und dann schnell wieder verschwand, schien ein Täuscher gewesen zu sein. 1:4 gegen Italien. Im *Focus* stand: »Gewaltige Erwartungen – aber die besten Fußballspieler des Landes werden einem Träumer überlassen, einem Einzelgänger, der mehr Guru ist als Stratege, der erfahrene Spieler wegmobbt und junge verunsichert.« Für einen Moment hatte es sogar so ausgesehen, als müsste so kurz vor dem Turnier noch mal der Trainer gewechselt werden. Es war knapp, schon vor der Weltmeisterschaft.

Es war dann auch knapp bei der Weltmeisterschaft, im Eröffnungsspiel. München, fantastische Stimmung, du spielst gegen Costa Rica, hast alles im Griff, bist aber auch merkwürdig anfällig, kriegst zwei Tore. Es ist ein knapper Vorsprung, aber – das ist dann das Entscheidende – du verteidigst ihn. Und Philipp Lahm, ausgerechnet Philipp

Lahm, schickt diesen Ball in den Winkel, ein Traumtor. Die Mannschaft weiß noch nicht, was sie kann, sie muss sich finden, das Turnier ist noch ganz jung. Aber in der kompletten Fragilität dieses Eröffnungsspiels ist dieses Traumtor ein Hinweis darauf, dass etwas wachsen kann. Danach das Spiel gegen Polen in Dortmund, wieder absolut knapp, aber kurz vor Schluss stürmt Klinsmanns Überraschungsnominierung David Odonkor auf dem Flügel los und flankt, und Neuville haut die Flanke rein. Und das ist dann der Moment, wo die Stimmung im Stadion und auch im ganzen Land zum ersten Mal richtig explodiert. Jürgen Klinsmann hat sich später so erinnert: »Neuvilles Tor war der Schulterschluss zwischen Fans und Mannschaft. Es war der wichtigste Moment bei dem Turnier. Und der schönste.«

Es war bei dieser Weltmeisterschaft immer alles auf der Kippe, kippte dann aber immer auf die richtige Seite. Und daran wächst man. »The trend is your friend«, hat Uli Hoeneß mal gesagt. Wenn man die eine Widrigkeit schon in den Griff gekriegt hat und danach die nächste und die übernächste, dann entwickelt sich ein ziemlich stabiles Vertrauen darauf, dass man die überübernächste auch noch packen kann. Das Gefühl, dass das Glück sich erzwingen lässt. Man zweifelt weniger, wenn es läuft, man glaubt an sich, und irgendwann fliegt man. Und wenn man fliegt, geht es darum, nicht zu übersteuern, nicht leichtsinnig zu werden, fokussiert zu bleiben. Aber diese Gefahr besteht bei deutschen Mannschaften sowieso weniger, die neigen nicht zu Leichtsinn, die müssen zum Fliegen gebracht werden. Aber wenn sie dann mal fliegen, fliegen sie weit.

So war es beim Sommermärchen. Nur dass die deutsche Nationalmannschaft ohne mich flog, jedenfalls die erste Elf. Da war also diese Begeisterung im Land, und ich gehörte offiziell mit zu denen, die das auslösen. Aber es ist nicht ungetrübt, du kannst dieses Beteiligtsein nicht genießen, wenn du nur mitläufst. Ersatzmann sein ist schwer zu ertragen. Es gab schon wirklich blöde Momente. Ich war der, der beim Warmmachen vor den Spielen den Torhüter einschießen musste. Jens Lehmann wollte immer, dass ich die Flanken schlage. Da kann es dann halt mal sein, dass du zwei Flanken hinters Tor haust, und wenn das passierte, habe ich einen Anschiss gekriegt. Das war also für mich ein eher unentspanntes Ritual, dabei ist das Warmmachen eigentlich ganz chillig, wenn du Ersatzspieler bist. Du flachst rum mit den anderen, es ist der Moment, wo deine Enttäuschung, beim Spiel nicht dabei sein zu dürfen, kurz überdeckt wird von der Erleichterung, nicht dabei sein zu müssen. Aber diesen Moment haben sie mir auch noch genommen.

Der Regisseur Sönke Wortmann hat das gespürt. Diese Euphorie überall, und dazwischen ich, gefangen in meiner persönlichen Aussichtslosigkeit. Er hat mich für den Dokumentarfilm »Deutschland – ein Sommermärchen« in meinem Hotelzimmer interviewt, ich saß auf dem Bett und sagte: »Man freut sich in erster Linie, wenn die Mannschaft gewinnt. Aber danach, wenn alle ausgelassen feiern, kehrt man in sich und sagt: Ich hab eigentlich nichts getan. Ich hab nicht auf dem Platz gestanden, ich hab nichts Tolles vollbracht.« Es ist, auch siebzehn Jahre danach, eine vielleicht etwas umständlich formulierte, aber doch ziemlich treffende Beschreibung meines Dilemmas damals. Aber ich wollte auch noch etwas Zuversichtliches sagen, in Wortmanns Film ging es ja darum, den Spirit des Moments einzufangen. Also sagte ich, Ersatzmann ohne Aussicht auf ein paar Minuten Spielzeit: »Ich weiß, die Chancen sind gering: Aber die Hoffnung stirbt zuletzt.«

Das ist schließlich die Aufgabe des Ersatzspielers: Jeden Tag die Stammleute rausfordern, beim Training Vollgas geben, sich bereithalten, falls doch noch was geht. Alles dafür tun, dass die Mannschaft weiterfliegen kann.

Wortmann war sozusagen embedded, er müsste auch den Moment eingefangen haben, als ich dann doch noch einen Anteil an der Mission Sommermärchen haben durfte. Bei Klinsmann mussten immer die Ersatzspieler die Ansprache vor dem Spiel halten, eine Teambuilding-Maßnahme. Die Botschaft: Auch die Ersatzspieler gehören dazu. Man hat bei dieser Ansprache ganz kurz eine große Verantwortung, man muss etwas sagen, es soll motivierend sein, es soll nicht peinlich sein. Mitreißend, aber nicht pathetisch. Vor dem Achtelfinale gegen Schweden sitzen wir also beim Mittagessen im Speisesaal des Hotels in München, pre-match meal heißt das, und ich denke noch: Hoffentlich fragt Jürgen nicht mich. Aber da tippt er mir schon auf die Schulter und sagt: »Hitze, heute machst du die Ansprache.« Und ich zerbreche mir den Kopf, das Spiel war am späten Nachmittag, ich hatte also noch genug Zeit, in meinem Hotelzimmer über das nachzugrübeln, was ich sagen würde. Und ich wollte halt besser sein als die, die vor den anderen Spielen geredet hatten. Ich wollte noch eins draufsetzen, der Ehrgeiz war da: Okay, du darfst zwar nicht spielen, aber das hier willst du jetzt super machen. Und dann, in der Kabine, haben wir einen Kreis gebildet, die ganze Mannschaft, alle stehen dicht an dicht, und Klinsmann sagt: »So, Hitze, jetzt du.«

Und dann habe ich die ganz gut angezündet. Vielleicht weil ich laut war. Vielleicht weil ich doch zwei Sätze gefunden habe, die neu waren und die die anderen Ersatzleute vor den anderen Spielen nicht gesagt hatten. Jedenfalls sind die raus und haben zwanzig Minuten lang die Schweden komplett zerstört, Poldi hat beide Tore gemacht. Jetzt wäre es übertrieben, wenn ich behaupten würde: weil ich die so scharf gemacht habe. Aber nach dem Spiel haben schon welche gemeint: War cool, was du gesagt hast.

Die Ansprache hat es nicht in Wortmanns Film geschafft. Dabei hatte er die Kamera aufgebaut, und sie lief auch, das Lämpchen brannte. Vielleicht hat sie nicht richtig funktioniert. Oder die Bildqualität war schlecht. Oder er hat einfach gedacht: Junge, so bedeutend war dein Beitrag zum Sommermärchen auch nicht.

Die Mannschaft ist dann bis ins Halbfinale geflogen. Und im Spiel um Platz drei gegen Portugal, nachdem Bastian Schweinsteiger das 3:0 geschossen hat, hat Jürgen Klinsmann sich gedacht: So, geb ich ihm noch zehn Minuten. Hitz hat sich reingehängt, jetzt darf er in Stuttgart mitspielen, vor seinem Publikum. Die Stimmung in Stuttgart war Wahnsinn, auf dem Weg vom Flughafen in die Stadt haben die Leute am Straßenrand gestanden, da hat es sogar mal geregnet während des Sommermärchens. Tropfen und Schlieren auf den Scheiben des Mannschaftsbusses, die Tausenden von Menschen konnte man trotzdem aus dem Businneren gut sehen. Auch vorm Teamhotel Graf Zeppelin diese Menschenmassen, das war krass. Nach dem Einchecken im Hotel sind wir alle an die großen Hotelfenster gegangen und haben runtergewinkt. Mertesacker, Asamoah, Frings, Hitzlsperger schauen ins Menschenmeer und können es irgendwie nicht fassen. Wir hatten das Halbfinale gegen Italien schließlich verloren, wir waren nur im Spiel um den dritten Platz, aber die Menschen da draußen feierten uns trotzdem. Das war das Besondere an diesem Lauf. Dass er nicht mal vorbei war, als er vorbei war.

In dieser Atmosphäre fand auch das Spiel gegen Portugal statt. Ich wurde also in der 79. Minute eingewechselt, ich kam tatsächlich noch zum Einsatz bei der Weltmeisterschaft. Zehn Minuten sind besser als nichts. Aber ich kann schlecht sagen: Ich habe die WM 2006 gespielt. Ich würde es gern so empfinden. Aber ich habe die nicht gespielt.

Irgendwann während der Weltmeisterschaft hatte ich mir gesagt: Wenn das hier vorbei ist, ist wieder Bundesliga, da musst du fit sein. Hältst du dich halt in Schuss. Ich habe mit der Mannschaft trainiert, aber ein bisschen auch für mich. Für das Leben nach dem Sommermärchen. Und so war ich tatsächlich topfit, als ich von der WM zurückkam.

Das Fitnessprogramm hat sich später ausgezahlt. In der Saison nach der WM sind wir mit dem VfB Stuttgart Meister geworden. Und dann wurde ich auch ein fester Bestandteil der Nationalmannschaft. Diese Zeit war nur kurz, zwei Jahre, in denen ich sagen konnte: Okay, ich bin in der Bundesliga mal Spieler des Monats geworden, ich bin Stammspieler in der Nationalmannschaft. Und dann kam bei der Europameisterschaft 2008 dieser eine Moment.

In den Highlights meiner Karriere, die manchmal in den Sportsendern laufen oder bei *Youtube* eingestellt sind, sieht man immer wieder meine Tore, meistens welche aus der Distanz. »Bangers from der Hammer« hat einer sein Filmchen betitelt. Das ist anerkennend und wertschätzend gemeint von denen, die so etwas zusammenschneiden, aber es trifft es nur zum Teil, denn in meiner Erinnerung war ich eben nicht nur der Hammer. In meiner Erinnerung war ich nicht nur brachial. Und bei der Europameisterschaft 2008, im Halbfinale gegen die Türkei, konnte ich das mal zeigen, in einer entscheidenden Sequenz. Basel, St.-Jakob-Park. 2:2, letzte Minute, jeden Moment müsste der Schiedsrichter abpfeifen. Manche erinnern sich an dieses Spiel, wegen eines Unwetters über Wien gab es im internationalen Fernsehzentrum der EM einen Stromausfall, sechs Minuten konnten die Fernsehzuschauer in Deutschland nichts sehen, Bela Rethy kommentierte über die Telefonleitung. Aber zum Ende waren alle Bildsignale wieder aktiviert, noch ein Angriff, alle sahen, wie Philipp Lahm den Ball noch einmal nach vorne trieb, wie er von links in die Mitte zog.

Die nächste Situation hatte ich tausendmal trainiert, und ich hatte sie mir zehntausendmal vorgestellt. Der perfekte Moment, alles passt, und wenn du jetzt auf das Video noch mal draufschaust, und wenn du einen Blick für all das hast, was in Sekundenbruchteilen ineinandergreifen oder eben nicht ineinandergreifen kann auf einem Fußballplatz, dann siehst du tatsächlich so etwas wie Schönheit in Bewegung. Als Maradona erlebst du solche Momente vielleicht öfter. Als Hitzlsperger wünschst du dir, so einen Moment überhaupt mal zu erleben.

Philipp zieht also von links ins Zentrum, ich stehe zentral in der Mitte, drei vier Meter vorm Strafraum. Ich zeige, dass ich den Ball will, ich fahre die Hand aus, man sieht es auf dem Mitschnitt: Spiel! Spiel! Spiel! Und er schiebt mir die Kugel rüber und läuft wie ferngesteuert weiter, Richtung Tor, ich stoppe den Ball mit rechts und spiele ihn wie ferngesteuert im selben Moment mit links nach vorn, mein Pass zerteilt, zerschneidet die Abwehr der Türken, perfektes Timing, perfekter Druck, perfekt in die Gasse, die keiner gesehen hat, nur ich. Mein Pass kommt genau da an, wo er ankommen soll, bei Philipp, der in den Strafraum weitergelaufen ist und jetzt komplett frei steht. Denn mein Pass hat alle Gegner zu Staffage gemacht, und jetzt ist es für eine Reaktion zu spät, jetzt können sie nichts mehr ausrichten. Jetzt kommt es nur noch darauf an, was Philipp daraus macht. Und Philipp läuft noch zwei Schritte, dann schlenzt er den Ball links hoch in den Winkel, 3:2. Wir sind im Finale.

Ich habe die Sequenz noch vor Augen, wie einen Filmausschnitt. Du merkst, dass es passt. Du spürst schon in der Situation das Besondere dieser Situation. Du weißt es, wenn der Ball den Fuß verlässt: das wird gut.

Es war nur ein Moment. Aber in diesem Augenblick habe ich, zwei Jahre nach dem Sommermärchen, mein eigenes Sommermärchen erlebt.

VOR TAUSEND AUGEN –
DIE VERGLEICHSGESELLSCHAFT
ÜBERLEBEN

Im Fußballbetrieb wird unfassbar viel geredet. Man hört dieses, man hört das, und irgendwann hat man begriffen, dass man nicht alles glauben kann, was gesagt wird. Tatsächlich kann man sogar das Allermeiste gleich wieder vergessen. Es ist so viel Gepose dabei. Besonders lächerlich wird es zum Beispiel, wenn ein Profi behauptet: Nach dem Spiel interessieren mich meine Noten in der Zeitung überhaupt nicht. Oder ein Trainer: Ich schaue nie auf die Tabelle. Wären die Spieler ehrlich, würden sie zugeben, dass sie die Noten in der Zeitung verschlingen, und wären die Trainer ehrlich, würden sie gestehen, dass sie den ganzen Tag auf die Tabelle schauen und von der Tabelle träumen, nachts, wenn sie wach liegen. Wie sollte es anders sein im Fußballbetrieb, der ein Netz von Abhängigkeiten ist. Und die entscheidende Abhängigkeit ist die des Fußballspielers vom Erfolg.

Aber Ehrlichkeit bedeutet: den Mut haben, etwas zuzugeben. Das passt nur nicht ins Fußballgeschäft, wo es oft um täuschen und tarnen geht und wo jeder sich einredet, ein Riese zu sein, denn als Riese kann man sich am besten halten. Wir leben in einer Vergleichsgesellschaft, wir vergleichen uns permanent selbst mit anderen und werden von anderen verglichen. Die Tabelle einer Liga oder einer Turniergruppe ist ein perfektes Vergleichsinstrument, jeder kann sofort sehen, wie die Dinge stehen. Die Tabelle bestimmt über die Befindlichkeit eines Profis: Steht seine Mannschaft einigermaßen da, hat er, jedenfalls für den Moment, ein angenehmes Leben. Geht es in der Liga gegen den Abstieg, droht beim Turnier das frühe Aus, wird das Leben schnell unerträglich, die Tabelle verwandelt sich dann in einen Countdown.

Profifußball funktioniert als extreme Variante unserer Leistungsgesellschaft generell. Dass es um enorm viel Geld geht, dass jede Aufgabe unter Druck bewältigt werden muss, dass niemand eine Schwäche zeigen darf – das sind gesellschaftliche Phänomene, die im internationalen Fußball in konzentrierter Form sichtbar werden.

Wenn du gegen den Abstieg spielst, tickt dauernd was runter, Balkendiagramme stehen rum. Und jeder Blick in die Zeitung und inzwischen vor allem ins Netz sagt dir: Du kannst nichts. Natürlich ist – ein beherzter Griff in den Karton mit ganz alten Weisheiten – im Gehalt eines Fußballspielers das Schmerzensgeld immer schon eingepreist. Weil aber auch die Fans dieses Schmerzensgeld immer schon mit einpreisen, dreschen sie bei Twitter und Facebook umso erbarmungsloser auf die Fußballer ein. Ihre Logik ist einfach: Wer so gut verdient, darf für sich nicht auch noch in Anspruch nehmen, empfindlich zu sein. Und mit dieser simplen Logik befreien sich die Hetzer im Netz dann auch gleich von Skrupeln, die das Vergnügen am Draufhauen beeinträchtigen könnten. Draufhauen ist etwas, was Relativierung nicht verträgt.

Dieses permanente Bewertetwerden kann eine Last sein. Natürlich nicht für jeden. Rudi Völler, den viele Fans so liebevoll als Haudegen beschreiben, ganz alte Schule, hat sich mal sehr darüber aufgeregt, dass der frühere Nationalspieler Marcell Jansen mit 29 seine Karriere beendet hat. Völler sagte: »Dafür habe ich kein Verständnis. Wer so etwas macht, hat den Fußball nie geliebt.« In diesem Satz spiegelte sich das Fußballverständnis des Menschen Völler, einer der Weltmeister von 1990, er steht für eine Generation aus Gewinnertypen, die dem Fußball ihren gesellschaftlichen Aufstieg zu verdanken haben.

Völler, ein Arbeiterkind aus Hanau, hat es bis in die Serie A gebracht, zum Star vom AS Rom, zum Rudi Nazionale. Weil der Fußball jedem Einzelnen dieser Generation durch all diese Erfolge so viel gegeben hat, verklärt diese Generation den Fußball. Erinnert sich an die großen Momente im Aztekenstadion, im Olympiastadion von Rom, im Volksparkstadion. Sie sind durch den Fußball groß geworden, und natürlich haben sie auch den Fußball groß gemacht, die Beziehung ist wechselseitig. Die Dankbarkeit der alten Helden gegenüber dem Fußball ist grenzenlos, sie verzeihen ihm alles. Deswegen das große Wort Liebe.

»La pelota no se mancha«, hat Diego Maradona bei seinem Abschiedsspiel gesagt, der Ball wird nicht befleckt. Natürlich bedienen solche Zitate das Bedürfnis der Fans nach Zugehörigkeit, wenn sie erfahren, dass der bewunderte Maradona auch nur einer wie sie ist, ein

Bewunderer des allmächtigen Balles. Und natürlich wird auf diese Weise alles kleingeredet, was der Ball anrichten kann. Auch dafür ist Maradona ja das allerbeste Beispiel. Niemand beherrschte den Ball wie er. Aber – das ist der gern unterschlagene Teil der Heldengeschichte – niemand wurde auch vom Ball dermaßen beherrscht wie er. Denn der Ball war es, der aus Maradona, dem Jungen aus dem Armenviertel Villa Fiorito südlich von Buenos Aires, einen Weltstar machte. Aber auch den einsamen Helden, drogenabhängig, misstrauisch. Mal grotesk dick, dann wieder auf Normalmaß runtergetrimmt. Und am Ende viel zu früh gestorben, mit 60 Jahren.

Die Spieler aus heutigen Generationen – dazu zählt Marcell Jansen, der nur wenige Jahre jünger ist als ich – sehen das Fußballgeschäft differenzierter, weniger romantisch. Liebe ist nicht der Begriff, auf den sie ihr Verhältnis zum Fußball bringen. Der jüngere Marcell Jansen hat dem älteren Völler damals öffentlich eine Antwort gegeben, die sich unverschämt anhörte, jedenfalls in Völlers Legendenohren: »Herr Völler hatte recht: Das Fußball-Geschäft habe ich nie geliebt, aber akzeptiert. Denn das Fußball-Geschäft hat mir vieles ermöglicht, und dafür bin ich sehr dankbar. Dennoch kann ich sagen, dass mein Leben schon vor meiner Karriere als Profi mindestens genauso lebenswert war.«

Das Leben ist mehr als die zehn, fünfzehn Jahre Profizeit. Das wollte Jansen damit sagen. Und genau davon spreche auch ich immer.

Wenn einer aus der Generation Völler sagt: Du musst dankbar sein, Profi sein zu dürfen – dann verstehe ich

den Punkt. Reichtum, Berühmtsein, Wahrgenommen-
werden – alles, was ein Schulhofkind sich wünscht.
Aber öffentlich wahrgenommen zu werden, hat auch
eine dunkle Seite. Vor Tausenden von Zuschauern zu
versagen (wenn das Fernsehen dabei ist, vor Millionen) – das ist ein unübertroffen beschissenes Gefühl.
In dem Moment bist du alles, aber nicht dankbar dafür,
Profi zu sein. Auf offener Bühne nicht zu funktionieren:
Wer es nicht erlebt hat, kann es sich nicht im Ansatz
vorstellen.

Der Argentinier Jorge Valdano war Teamkamerad von
Diego Maradona und im WM-Finale 1986 Gegenspieler
von Rudi Völler. Auch Valdano ist alte Schule, aber er ist
eine Art Philosoph geworden nach der Karriere und hat
die Wirkungen des Balles auf die Menschen durchdacht
wie wenig andere. Das Verhältnis Spieler–Fan hat er, sehr
zutreffend, als ewiges Missverhältnis beschrieben: »Der
Spieler bietet Fußballware an, und der Fan zahlt mit Zu-
neigung. Deshalb existiert immer die Angst, nicht genug
zu geben, und die Frustration, nicht genug zu bekommen.« Ein Spieler entscheidet schließlich über das Glück
dieser Menschen im Stadion. Sie wollen stolz sein auf
ihren Verein, und der Spieler ist es, der dafür sorgt, dass
sie diesen Stolz empfinden können.

Die Angst, nicht genug geben zu können, war auch
bei mir immer größer als das Gefühl: ich kann hier der
König des Spieltags werden. König des Spieltags wird
man schließlich nur selten. Aber einen Fehler machen,
der zum Gegentor führt – das kann immer passieren,
in jedem Spiel. Und diese Momente danach erleben zu

müssen. Das Raunen der eigenen Fans, wenn der Ball danach wieder in deine Nähe kommt. Nachdem du einen Fehlpass gespielt hast, fühlt sich das ganze Spiel fremd an, der Ball ist schwerer kontrollierbar, das Geräusch der Menge schwerer dechiffrierbar. Ist ihr Raunen noch Mitleid, Besorgnis? Oder schon die Vorstufe von Häme? Dass du unterbewusst so genau hinhörst, wie die Menge klingt, erzählt schon alles über deinen Zustand. Wenn du einen Fehlpass gespielt hast, steht der nächste Fehlpass immer wie eine Wolke über dir. Es gibt keinen sauberen Dialog in so einer Situation, du kannst dich den Fans nicht erklären. Du kannst ja nicht sagen: Stopp mal ganz kurz das Spiel hier. Und dann nimmst du ein Megafon und sagst: Leute, passt mal auf, ihr müsst uns jetzt nach vorne treiben. Wir brauchen Vertrauen. Vertrauen hilft uns mehr, als wenn ihr uns auch noch auspfeift.

Wenn ein Spiel nicht läuft, dann bleibt nur der permanente Versuch, etwas zu kontrollieren, über das man die Kontrolle verloren hat.

Die Zuschauer können einen tragen, aber sie können auch Angst machen. Sie haben Macht, denn sie sind es, die das, was der Spieler leistet, durch ihre Reaktion unmittelbar bewerten, noch in der Situation, in der es geschieht. Jemand haut den Elfmeter drüber und wird von der johlenden Menge schon abgestraft – da ist der Ball noch in der Luft. Die Mitspieler bewerten Fehler durch ihre Gesten. Wenn sie dich nach einem Fehler nicht mehr anspielen, ist das die nächste Entwertung. Die Trainer bewerten dich in der Kabine. Für ein und dasselbe Spiel wird man, von unterschiedlichen Jurys und Instanzen, immer wieder neu bewertet, nach jedem Spiel bricht die Nacht des langen Messens an. Und am nächsten Tag kommen die Noten in den Zeitungen.

Die standen in der *News of the World*, in der *Sunday Times*. Wenn ich gut war, war ich meistens in allen Blättern gut, wenn ich schlecht war, war ich in allen Blättern schlecht, mit beidem muss man umgehen können. So steht es doch in Wimbledon über dem Eingang zum Center Court, der berühmte Satz von Kipling ist einer der wahrsten im Sportbetrieb: »If you can meet with triumph and disaster, and treat those two impostors just the same.« Frei übersetzt: Sich vom Triumph so wenig aus der Bahn werfen zu lassen wie von der Katastrophe – das ist Lebenskunst. Ein Fußballer hat bei jedem Spiel die Aussicht auf Triumph oder Katastrophe, jedenfalls wenn er so gut geworden ist, dass ihm Tausende und Abertausende zusehen. Er ist, nicht nur körperlich, permanent im Grenzbereich unterwegs. Das zehrt. Nicht nur körperlich.

Dass man es als Bundestrainer mit Millionen Bundestrainern zu tun hat, die es besser wissen, hat schon der alte Sepp Herberger zu spüren bekommen, Coach der Helden von Bern 1954, nach dem WM-Sieg im Finale gegen Ungarn. Alle kennen die Geschichte: In der Vorrunde hatte die Mannschaft, ebenfalls gegen Ungarn, 3:8 verloren. Und da schickte ihm einer der Millionen Bundestrainer, die es besser wissen, eine Nachricht ins Mannschaftsquartier: »Es ist gut, dass Sie sich unmittelbar nach dem Spiel nirgends blicken ließen, sonst hätten

Ihre Nächsten heute Gelegenheit gehabt, Sie ausstopfen zu lassen.«

Aber, das ist der Unterschied: So was kam damals per Post, und Herberger konnte entscheiden, ob er das öffentlich macht oder jemanden einweiht. Er blieb Herr des Verfahrens. Er konnte die Hass-Post auch für sich behalten, die Postkarte hinten in eins seiner Notizbücher legen. Wir lebten immer schon in einer Vergleichsgesellschaft, aber einen Tweet heute kann keiner mehr mit sich selbst ausmachen, den haben alle auf dem Handy, wir leben in einer Vergleichsgesellschaft und werden öffentlich verglichen, und dadurch vervielfältigt sich die Wucht der Kritik.

Das ist der Unterschied zu früher, die Öffentlichkeit. Sie macht einen zum Ausgelieferten.

Ich erinnere mich an meine verzweifelte Zeit bei Lazio Rom. Eine Phase der Selbstzerstörung, voller Demütigungen und Momenten wie diesem: Wir spielten gegen AS Bari, an dem Tag waren ein Onkel und eine Tante von mir im Stadion und mein Berater, der kam sonst eher selten zu den Spielen. Ich war nicht in Form, aber manchmal passiert auch durch Zufall etwas Gutes, manchmal wird ein Spiel ganz ungeplant zum Freund, man kann es nicht voraussehen, aber es kommt vor. Kein Spieler geht ohne diese Hoffnung auf das unverhoffte Glück auf den Platz. Aber gegen Bari hatte ich kein Glück. In der 37. Minute wechselte mein Trainer mich ein, in der 69. Minute wechselte er mich wieder aus. Maximale Demütigung, vor den Augen meiner Familie und der paar Zuschauer, die da waren. Das war 2010, da wurde noch nicht so intensiv getwittert, aber die Öffentlichkeit eines nicht mal halb vollen Stadions war mächtig genug, um mir das Gefühl zu geben, ein Niemand zu sein.

Jedem, der über das Verhältnis der Öffentlichkeit zum Star nachdenkt, fällt der Torwart Robert Enke ein. Wir haben einige Länderspiele zusammen gemacht, das letzte im Sommer 2009 in Aserbaidschan. Wenige Wochen später bereiteten wir Nationalspieler uns gerade auf ein Spiel gegen die Elfenbeinküste vor, Robert war nicht dabei, er war verletzt. Wir waren damals in einem Designhotel in Bonn untergebracht, nach dem Training versammelten wir uns im Besprechungsraum, und Oliver Bierhoff sagte, dass Robert nicht mehr lebt. Ich weiß nicht mehr, wie er es formuliert hat, ich erinnere mich nicht an die Worte, ich könnte auch die Stimmung im Raum nicht beschreiben, das liegt alles hinter einem dichten Schleier.

Dass ein Mensch depressiv wird, weil Fans ihn verspotten – dieser Kausalzusammenhang wäre zu einfach. Robert Enke war bei seinem Verein Hannover 96 ein von allen respektierter Publikumsliebling. Die Masse im Stadion ist es nicht, die einen in die Depression treibt, die Krankheit ist im Menschen tiefer angelegt. Deshalb ist es auch zu simpel gedacht, dass ein depressiver Mensch gerettet werden könnte von einer Stadionmasse, die ihn verehrt. Was allerdings stimmt: dass ein Fußballer eine Therapie in der Klinik möglicherweise auch deshalb nicht antritt, weil er ja der Öffentlichkeit irgendwie erklären müsste, wo er so lange gewesen ist. Vielleicht kann man es so sagen: Die Rituale des Fußballs haben Robert nicht krank gemacht. Sie haben ihm aber auch nicht dabei geholfen, gesund zu werden.

Der Schriftsteller Ronald Reng hat später die Biografie von Robert Enke geschrieben. Die beiden waren befreundet und wollten das Buch eigentlich gemeinsam machen, dann musste Reng es alleine schreiben, aber er hatte die Erlaubnis, auch aus den Tagebüchern von Robert zu zitieren. Und so haben sie die Geschichte dann doch gemeinsam erzählt.

Ehrlichkeit bedeutet: den Mut haben, etwas zuzugeben. Weil das für einen Fußballprofi im laufenden Betrieb immer noch so schwierig ist, liest man als ehemaliger Spitzensportler oder auch in anderen Bereichen öffentlich tätiger Mensch diese Einblicke in das Innere eines Spitzensportlers. Es nimmt einem den Atem. Die Abgründe, in die jeder Mensch schaut, sind unterschiedlich und hängen von der Krankheit ab, von der Schwere der Erkrankung. Aber jeder, der etwas mit sich herumträgt und nicht weiß, wie die Öffentlichkeit reagieren würde, wenn sie es erführe, findet sich in dem wieder, was Enke geschrieben hat:

»Fühle mich hilflos und ängstlich, gehe nicht aus dem Hotelzimmer, habe Angst vor den Blicken der Leute.«

»Habe so eine Angst vor der Meinung der Öffentlichkeit. Die Angst lähmt mich.«

Wir leben in einer Vergleichsgesellschaft, wir vergleichen uns permanent selbst mit anderen, wir werden von anderen verglichen. Die Fans urteilen und verurteilen, und noch unmittelbarer verurteilen und urteilen die Mitspieler, es ist schmerzhaft, wenn sie einem das Vertrauen entziehen. Robert Enke hatte so ein Erlebnis als Spieler von Barcelona nach einer Pokalniederlage bei einem Drittligisten, er wurde von seinem Kapitän Frank de Boer noch auf dem Platz zusammengebrüllt. So eine Situation ist selten, sie widerspricht jeder Idee von Teamgeist. Denn wenn ein Mitspieler einen anderen fertigmacht, mitten auf dem Rasen, vor aller Augen, dann geschieht etwas im Teamsport eigentlich Undenkbares: Der Spieler A schließt mit dem Publikum – und sogar mit der Anhängerschaft der Gegner – einen Pakt gegen den eigenen Mitspieler B.

Ich kenne diese Situation nicht, kaum einer kennt sie. Aber auch ohne sie zu kennen, spüre ich den Schmerz dieser Demütigung.

Ich denke, dass Roberts Geschichte und sein Tod etwas in Gang gesetzt hat. Niemand bestreitet noch, dass es seelische Störungen im Leistungssport gibt. Es gibt jetzt eine Stiftung, Trainer und Betreuer wissen, an wen sie sich wenden können. Auch wenn das Reden über Depressionen etwas anderes ist als das Reden über sexuelle Identitäten: Es gibt Überschneidungen. Über Druck, der einen plattmacht, im geschützten Raum und mit Experten und Expertinnen sprechen zu können, ist ein Fortschritt. Jedem Menschen hilft es, so etwas nicht mit sich selbst abmachen zu müssen. Manchen rettet es.

Mir kommt es so vor, als täten sich Sportler und Sportlerinnen inzwischen leichter damit, anders als die Generation Maradona, die Schattenseiten des Sports zu benennen und auch die böse Macht, die die Fans haben können. Sie machen dich stärker, als du eigentlich bist, wenn sie dich tragen. Aber wenn sie dich fallen lassen, machen sie dich schwächer, als du eigentlich bist. Sich zu offenbaren, kann eine Befreiung sein. Aber auch ein Risiko. Denn wenn du über deine Druckpunkte redest, wissen schließlich alle, dass es sie gibt.

Die Tennisspielerin Naomi Osaka hat in Pressekonferenzen über ihre Depressionen gesprochen. Sie wurde bei den einen zum Role-Model dadurch, andererseits wurde sie auch zum leichten Opfer. Von Fans, die von ihrer Depression gehört hatten und nun – so grausam ist der Mensch, so grausam ist er gerade anonym in der Masse – damit rechnen konnten, dass sie auf Pöbeleien reagieren würde. Und so geschah es. Beim WTA-Turnier in Indian Wells brüllte ein Zuschauer »Naomi, du bist scheiße!«. Sie verlor die Fassung, weinte, diskutierte mit der Schiedsrichterin, verlor schließlich ihr Spiel. Hielt danach eine Ansprache an das Publikum, unter Tränen. Zu sehen waren die Spuren eines verloren gegangenen Tennisspiels. Und, zwischen lauter Trümmern und Scherben, ein Mensch auf der Suche nach der verloren gegangenen Balance.

Es ist interessant, sich den entsprechenden Mitschnitt noch mal anzusehen. Sie zeigen, im Sender ABC, die Spielerin, ihre Tränen, die Verzweiflung. Und dann wird der Kommentar von Christine Brennan eingespielt, eine renommierte Sportjournalistin in Amerika. Brennan sagt – und sie legen den Kommentar dramaturgisch gekonnt über die Szene mit der heulenden Naomi Osaka: »Man kann so viel über das lernen, was Athleten wie diese zu ertragen haben.«

Dabei ist das, was wir angeblich neu lernen könnten, schon immer dasselbe gewesen. Jemand, der Unsicherheit eingesteht, wie hier Naomi Osaka, kann sich erst einmal gar nicht retten vor lauter Verständnis, Zustimmung und Sympathie. Man kann so viel von ihr lernen, sagt Christine Brennan, stellvertretend für andere Tennisexperten, die das in ihren Kolumnen auch geschrieben haben. Stellvertretend auch für die Herzchen, die ein Sportler in den sozialen Netzwerken empfängt, wenn er die Welt in sein Inneres schauen lässt. Und auch stellvertretend für die Kommentare von anderen Sportlern. Ein Athlet, der Druck nicht nur wegtrainiert, sondern ihn als Problem thematisiert, erntet im Augenblick dieses Bekenntnisses Mitgefühl, Anerkennung. Compassion sagen die Amerikaner, das klingt dann weniger mitleidig.

Aber dieses Gefühl von Compassion ist brutal flüchtig, es gilt nur für den Moment. Und vor allem nur, solange der Wettbewerb nicht stattfindet.

Wir leben in einer Vergleichsgesellschaft, deren entscheidende Vergleichsgröße die Wettkampfhärte ist. Wenn es drauf ankommt, wenn der Wettbewerb startet, darf der Sportler keine Schwäche zeigen, dann muss er funktionieren. Der Erfolg seiner Teamkameraden hängt davon ab, die Jobgarantie seines Trainers, die Ligazugehörigkeit seines Vereins, die Einschaltquote im Fernsehen, auch das Vergnügen des Publikums und dessen Laune in der nächsten Arbeitswoche. Deshalb ist Mitgefühl mit Sportlern oft nur eine vorübergehende Erscheinung, das Phänomen der spielfreien Zeit. Nehmen wir noch mal den Fußballmanager Uli Hoeneß: wie empathisch er über den Fußballer Sebastian Deisler gesprochen hat, der den Druck im Fußball nicht länger aushielt.

Und wie gnadenlos derselbe Hoeneß mit Spielern umging, die mal nicht funktioniert hatten. Juan Bernat? »Der hat einen Scheißdreck gespielt.« Oder, anderes Beispiel: Wie schockiert die versammelte Gemeinde erst war, als 2017 vorm Champions-League-Spiel gegen AS Monaco der Mannschaftsbus von Borussia Dortmund von einem Attentäter angegriffen wurde, ein Sprengsatz ging hoch, der Bus voll Rauch, Verteidiger Marc Bartra blutete, von einem Stahlbolzen getroffen, die Spieler mussten glauben, jeden Moment gekillt zu werden.

Große Betroffenheit. Aber schon kurz danach, wenige Monate später: In den Social-Media-Kommentaren die übliche Gnadenlosigkeit gegenüber Fußballern, die gerade traumatisiert worden waren, aber doch bitte schön auch mal wieder klarkommen sollen und gefälligst deutscher Meister werden. BVB-Boss Aki Watzke – auch er ganz alte Schule – hatte das schon Stunden nach dem Spiel eingefordert, dieses Funktionieren, als es um die möglichst rasche Neuansetzung der Partie gegen Monaco ging. Ein Zitat von ihm aus einer Jahre später produzierten Dokumentation: »Je eher sie sich wieder der Realität stellen, desto mehr werden sie abgelenkt, das war so meine Meinung.«

Wenn der Ball rollt, gilt Nachsicht nichts mehr. Schon gar nicht bei Fans, bei denen der Gruppendruck wirkt. Wie viel Haltung gehört dazu, in einer Masse von Menschen, die geifern, derjenige zu sein, der sich das Geifern verkneift? Sogar die Sprache wird, unter dem Eindruck von Niederlagen, anders. Härter. In der Transferzeit ist in den Chats oft die Rede davon, dass bei dem und dem

Verein »kräftig ausgemistet« werden muss. Und der und der Spieler könnte »für einen schmalen Taler verkauft werden«, der und der sei eine »Altlast« eines entlassenen Managers. So spricht man, wenn gerade mal nicht *compassion-time* ist, über Sportler, die die Erwartungen nicht erfüllt haben. Als wären sie ein unbewältigtes Problem.

Am schlimmsten ist es in der Sommer- und Winterpause, also in der Phase, wo Transfers abgewickelt werden. Da wissen es all die Fans und Boulevardjournalisten nicht nur besser als jeder Trainer, da wissen sie es auch besser als jeder Manager. Im Netz ist der Transfermarkt zu einem Unterhaltungsbetrieb geworden, eine Art digitaler Viehmarkt mit echten Menschen. Man vertreibt sich in den Fanforen die Zeit, in dem man sich überbietet in Niedertracht, Respektlosigkeit und blanker Hetzerei gegen Spieler, Funktionäre, Trainer. Früher gab es die Noten in der *Sunday Times*, aber die waren erträglich, verglichen mit der heutigen Vernichtung in den Foren.

Der Sportpsychiater Valentin Markser, der auch Robert Enke behandelt hat, hat 2019 gesagt: »Seit Robert Enkes Tod haben sich zwei Dinge im Hochleistungssport entscheidend verändert: Es gibt noch mehr Geld. Und es gibt noch mehr soziale Medien. Und damit auch noch mehr seelische Belastungen.« Und: »Leider haben insbesondere die Fans nicht dazugelernt.«

So ist vieles, wie es war. Aber es ist auch manches in Bewegung, die tausend Augen der Öffentlichkeit sehen es in der Regel nicht, aber manchmal sehen sie es dann doch, wenigstens wie durch einen Spalt im Vorhang. In der Fußballbundesliga hat 2023 ein Profi von Werder Bremen, Niklas Schmidt, in einem Interview im *Spiegel* von seinen leichten bis mittelschweren Depressionen berichtet. Das war, für den Moment, erst mal gar nicht mutig, weil du dir in so einer Situation sicher sein kannst, dass diejenigen, die sich melden, dir auf die Schulter klopfen. Es war aber trotzdem sehr mutig, weil es ihm, Schmidt, offenbar egal war, dass später ein paar Türen hätten zugehen können. Es könnte schließlich Klubbosse geben, die vor einem möglichen Transfer auf dieses Detail in seiner Krankenakte stoßen und sich fragen, ob dieser Spieler stabil genug sein kann für einen Abstiegskampf.

Aber Schmidt gab dieses sehr ehrliche, sehr offene Interview. Das war ein neuer Ton.

Spiegel: »Was sagen Sie Betroffenen, wenn die Sie um Rat fragen?«

Schmidt: »Haltet euch von Social Media fern!«

Spiegel: »So wie Sie es sagen, muss ich es mit drei Ausrufezeichen aufschreiben.«

Schmidt: »Mit fünf. Ich habe dort schlimme Nachrichten bekommen, mit harten Beleidigungen. Ich habe mich aber nicht nur wegen des rüden Umgangs abgemeldet. Instagram oder TikTok sind inzwischen vor allem Vergleichsportale. Sie machen die Leute verrückt. Das geht mir echt nah. Was soll dieser Schönheits- und Leistungsdruck? Wenn jemand eine große Nase hat, hat er eben eine große Nase.«

Im Fußballbetrieb wird unfassbar viel geredet. Aber dieses Interview war ein in jeder Hinsicht konstruktiver Beitrag von Niklas Schmidt: »Haltet euch von Social Media fern!« Ein Appell an die Mitglieder der Vergleichsgesellschaft. Also an uns alle.

IL MARTELLO VERSCHLÄGT ES NACH ROM – EIN ZWISCHENSTOPP BEI LAZIO

Rom hieß mich mit Schnee willkommen. Schnee in Rom ist selten, aber im Februar 2010 schneite es, es rieselte durch die runde Öffnung in der Kuppel des Pantheons. Bei *Youtube* findet man ein paar Clips, die Leute haben es auf Film festgehalten, so ein besonderes Ereignis war das.

Ich hätte die ungewöhnliche Kälte in Rom bei meiner Ankunft als Zeichen dafür deuten können, dass ich nicht warm werden würde mit dieser Stadt, aber in der Retrospektive sagt sich alles leicht. Als ich in Rom ankam, sollte etwas anfangen, Rom sollte zur Basis meines Neubeginns werden. Die Weltmeisterschaft 2010 in Südafrika stand bevor, ich war in fast allen Qualifikationsspielen von Anfang an dabei gewesen und wollte unbedingt in den WM-Kader, dafür musste ich regelmäßig spielen. Beim VfB Stuttgart, meinem langjährigen Stammverein, spielte ich nicht mehr, also führten meine Wege nach Rom.

Die Saison 2009/2010 war in Stuttgart problematisch gewesen, wir rutschten in der Tabelle immer weiter nach hinten, und als es auf die Winterpause zuging, spielte der VfB, angeführt vom Kapitän Hitzlsperger, wie ein Abstiegskandidat. Trainer Markus Babbel sagte zu mir:

Hitze, pass auf, ich kann dir nichts vorwerfen, aber als Kapitän machst du dir zu viele Gedanken über alle anderen. Ich nehme dir die Kapitänsbinde. Das war womöglich als Entlastung gedacht, kam aber öffentlich als Degradierung rüber. Dass einem die Binde weggenommen wird, ist in der Bundesliga ungefähr so häufig wie Schneefall in Rom. Und: Ich war auch noch meinen Stammplatz los. Bei einem Spiel in Leverkusen saß ich nur noch auf der Bank. Dass wir 0:4 verloren, sorgte bei mir nicht für Genugtuung, dafür steckte ich persönlich viel zu tief mit drin in der VfB-Krise. Und mir wurde allmählich klar, dass diese Krise die Energie haben könnte, meine Lebensplanung umzuwerfen.

Dann wurde Markus Babbel entlassen, sein Nachfolger war der Schweizer Christian Groß. Manchmal ist es so, dass ein Trainer, der neu kommt, dann als Erstes diejenigen zurückholt, die vom alten Trainer degradiert worden sind. Das kann auch ein Zeichen sein: Vergesst, was war. Wir sind alle leere Blätter, auf denen noch nichts steht, unsere gemeinsame Geschichte wird von jetzt an neu erzählt. Christian Groß allerdings brauchte mich nicht, ich war jetzt auch noch verletzt, und nach seinem Dienstantritt spielte die Mannschaft besser. Ohne mich. Der neue Trainer setzte die berühmten frischen Kräfte frei, ich war verzichtbar, jetzt erst recht. Sportdirektor Horst Heldt ließ keine Zweifel daran, dass er mir nicht mal den winzigsten Stein in den Weg legen würde, wenn ich gehen wollte.

Das war also meine Situation am Ende meiner Spielerzeit in Stuttgart: Ein Trainer, der mich nicht brauchte. Ein

Sportdirektor, der mich nicht wollte. Also musste ich weg, sofort, von jetzt auf gleich, nach Weihnachten und Neujahr, noch im Wintertransferfenster.

Kurz gab es die Idee, nach Mainz zu gehen, die standen damals ähnlich weit unten wie der VfB Stuttgart, aber warum sollte ich mich in Deutschland von einem Abstiegskandidaten zum anderen ausleihen lassen? Spanien, Italien, das war meine Idee. Wenn ich jetzt schon so schnell einen Verein finden musste, wollte ich der kurzfristigen Veränderung meiner Lebenssituation wenigstens etwas Nachhaltiges abtrotzen. Mir noch mal eine Region erschließen wie damals in England. Noch mal eine Sprache lernen. Noch mal eine Beziehung aufbauen zu einem unbekannten Land. Und dann kam das Angebot von Lazio Rom. Mir war klar: problematischer Verein, viele rechte Fans, Faschisten darunter. Aber ich war damals noch nicht so weit, dass ich hätte sagen können: Wenn ich gegen Antisemitismus und Rassismus bin, kann ich nicht für Lazio spielen. Es ist interessant, im Rückblick noch mal solche Entscheidungen abzuklopfen, und ich denke manchmal an diese Episode, wenn ich jetzt von Spielern fordere, dass sie klar sagen sollen: dieses und jenes lässt sich mit meinen Wertevorstellungen nicht vereinbaren, also mache ich es nicht.

Ich war damals auch noch nicht so klar. Aber zu Lazio Rom zu wechseln, ist, so sehe ich es auch heute noch, ein geringfügigerer Verstoß gegen ein Wertesystem, verglichen etwa mit einem Transfer nach Saudi-Arabien. Und zu dem, was ich auch damals schon dachte und sagte, stand ich ja nach wie vor.

Was ich gesagt hatte? 2008 hatten Bremer Fans in Bochum dafür gesorgt, dass die Polizei eine rechte Gruppe aus ihrem Block entfernte. Dazu hatte ich im Blog »Störungsmelder« bei *Zeit online* geschrieben: »Die Bremer Fans haben das richtige Zeichen gesetzt und gezeigt, wie man mit solchen Schwachköpfen umgeht. Zusammen mit den Profis auf dem Platz kann es gelingen, die restlichen Schwachköpfe aus den Stadien zu vertreiben und im besten Falle zur Vernunft zu bringen.« Das hatte ich gesagt, das war meine Meinung, und das deckte sich nicht mit dem, was die Anhänger von Lazio Rom dachten, jedenfalls nicht die harten Jungs in der Kurve, die Irriducibili.

Ich habe das getan, was Sportler tun, wenn sie sich ihren neuen Verein schönreden wollen. Selektive Wahrnehmung. Nicht auf das große Ganze schauen, sondern auf ein Detail. Ich habe für mich beschlossen, dass es in erster Linie eine sportliche Entscheidung sei, zu Lazio zu gehen. Denn der Trainer, Davide Ballardini, wollte mich – eine Voraussetzung, die für mich wichtig war. Wenn der mich wollte, würde der mich sicher auch spielen lassen. Ballardini war fern, ich kannte ihn nicht. Aber er war auch nah, denn er hatte einen empfindlichen Punkt bei mir berührt. Ich war gerade abserviert worden in Stuttgart. In solchen Momenten, wenn man ein Verschmähter ist, ist man dankbar, wenn einer sagt: Genau der dahinten, den alle abgeschrieben habe – der ist mein Mann. Wir haben also einen Halbjahresvertrag ausgehandelt. Wir schauen mal, ob es funktioniert. Ich spiele da, dann geh ich mit zur Weltmeisterschaft, und dann hocken wir uns hin, und wenn das Ganze für beide ein Erfolg war, verlängern wir. So war der Plan.

Klar hätte ich mich intensiver mit der Geschichte meines neuen Vereins beschäftigen können. Paolo Di Canio zum Beispiel hätte mir ein Begriff sein sollen. Ich war ihm sogar schon einmal persönlich begegnet, ganz zu Beginn meiner Karriere, als ich nach einem 2:1 von Aston Villa gegen West Ham »Man of the match« geworden war und diese noise-canceling Kopfhörer gekriegt hatte. Bei dem Spiel hatte Di Canio für West Ham gespielt. Und danach, in seiner Zeit bei Lazio, waren diese berüchtigten Bilder entstanden. Di Canio mit seinem hochgereckten rechten Arm, mit seinem zur Hassfratze verzogenen Gesicht. Einige aus der Kurve erwiderten diesen Faschistengruß. Und wenn ich schon dabei gewesen wäre, mir die Historie meines neuen Arbeitgebers zu erschließen, hätte ich auch auf die Geschichte eines anderen Fußballspielers stoßen können, den Lazio 1993 aus den Niederlanden verpflichtet hatte, Aron Winter, schwarz und jüdisch. Prompt waren an römische Wände antisemitische und rassistische Graffitis geschmiert worden.

Aber ich wollte meine eigenen Erfahrungen machen. In einem Interview vor meinem ersten Spiel habe ich gesagt: »Ich will die Sache unvoreingenommen angehen. Mein Prinzip ist es, erst nach gemachter Erfahrung zu urteilen.« Ich wollte meine Souveränität betonen, die Unbefangenheit des frischen Blicks. Aber tatsächlich fand ich meinen Halbjahresvertrag auch einen Superdeal. Ich spiele da, danach bin ich ablösefrei – und wenn ich von der WM als Nationalspieler zurückkomme, ist das keine schlechte Ausgangsposition für Vertragsverhandlungen im Sommer, mit wem auch immer.

Die Leute in Rom waren freundlich, jedenfalls solange noch kein Spiel stattgefunden hatte. Ich hörte den Radiosender der Lazio-Fans, der läuft 24 Stunden, es wird nur über Fußball gesprochen. Ich verstand kein Wort, aber ich hörte ein paarmal meinen Namen raus, beziehungsweise das, was die Italiener mit meinem Namen anstellten. Hitzlsperger ist für Römer ein Zungenbrecher, unaussprechlich. Sie tasteten sich also tapfer von Izberger über Aizelsperger bis zu Izelperghe vor und einigten sich am Ende auf Hitz, ausgesprochen Izz, das ging leicht von der Zunge.

Es war ein Sonntag im kalten Februar des Jahres 2010, als ich das erste Mal für Lazio Rom auflief, himmelblauweißes Trikot, auf dem Rücken die 15, wie in der deutschen Nationalmannschaft. Heimspiel im Olympiastadion, Lazio Rom gegen Catania Calcio. Aber es fühlte sich von Anfang an seltsam an auf diesem Platz, mit dieser Mannschaft. Es gab keine Bindung, zu den Menschen nicht, zu dem Ort nicht. Ich war ein paar Tage da, hatte meine Rolle noch nicht gefunden, aber im tieferen Inneren hatte mich eine mächtigere Form der Unsicherheit gepackt: Ich wusste nicht, wie das hier funktionieren sollte. Nie war ich einer von diesen *aggressive leaders* gewesen, die irgendwo hingegangen sind und dann sofort performt haben wie die Superstars – ich brauchte schon immer einen funktionierenden Mannschaftsverbund. Ich fühlte mich allein auf diesem Platz, der mir überdimensioniert vorkam. Nichts, woran man sich festhalten kann. Alles so weit weg, die Trainerbänke, die Tribünen. Und auf den Tribünen nur wenige Zuschauer. Ich durfte 64 Minuten spielen, dann wurde ich ausgewechselt. Unmittelbar vorher hatte Catania das 1:0 geschossen, dabei blieb es. Mein erstes Spiel mit Lazio Rom endete mit einer Niederlage.

Nach dem Spiel habe ich gemerkt, dass der Schnee noch das Wärmste gewesen war, was zum Empfang in Rom für mich bereitgelegen hatte. Alles andere war kälter. »Die neuen Spieler können uns natürlich helfen. Aber wir hätten eine andere Art Mittelfeldspieler gebraucht, einen wendigen Spieler, der die Spitzen besser einsetzt«, sagte Davide Ballardini. Er hatte mich schon aufgegeben, nach einer guten Stunde Spielzeit senkte er den Daumen. Alle senkten den Daumen. »Er ist nicht der erhoffte Panzer, den die Mannschaft brauchen würde«, schrieb der *Corriere dello Sport.* »Wie ein Fisch auf dem Trockenen. Vielleicht wäre es besser gewesen, sein Debüt zu verschieben«, schrieb die *Gazzetta dello Sport.*

Missratener hätte der Einstand nicht sein, vernichtender hätten die Kommentare nicht klingen können. Und wie es manchmal ist: Was schlimm anfängt, geht schlimmer weiter. Gleich beim ersten Training nach diesem ersten Spiel bekamen wir eine Ansage von der Polizei: Wir müssen unten in der Kabine bleiben, Leute wollen den Trainingsplatz stürmen. Ich fragte mich: Wo bin ich hier eigentlich gelandet? Die Polizei sagte, dass die Tifosi draußen sind und es gefährlich werden könnte. Wir dürfen nicht trainieren, wie dürfen nicht raus. Und dann wurde Davide Ballardini rausgeschmissen. Der Trainer, der mich unbedingt wollte und mich dann nach einem Spiel erledigt hatte. Und dann kam der neue Trainer, Edoardo Reja, der hat mich einfach ignoriert. Der hat nur Italienisch gesprochen, kein Englisch, Deutsch sowieso nicht. Innerhalb kürzester Zeit habe ich gemerkt: Ich spiele hier keine Rolle mehr. Nach vier Wochen hätten wir das Projekt im Prinzip beenden können. Gescheitert, erledigt, abgehakt. Izz all over. Was mich am meisten fertigmachte: wie schnell das alles gegangen war.

Fußballprofis und Fans leben, so fühlt es sich vielleicht an, in verschiedenen Welten, und bezogen auf das Einkommen stimmt das. Was ein Fußballer im Jahr verdient, kriegen seine Fans in zehn Jahren nicht. Aber es gibt Momente, in denen merkt man, dass die Welten überhaupt nicht verschieden sind, denn wenn man das Geld mal rausrechnet, sind Fußballer und Fans halt einfach Menschen, deren Bedürfnisse sich ähneln. Wir schauen uns an und wir erkennen, wie nah wir einander sind. Wir alle wollen geliebt, wenigstens respektiert werden, gesehen werden. Der Fan, der im Job von seinem Chef zusammengebrüllt wird, mag den Eindruck haben: Verglichen mit mir wird der Fußballer doch immer wertgeschätzt. Auch wenn er eine Formkrise hat, läuft das Geld immer weiter. Und ja, aus der Sicht des Fans: alles richtig. Und nein, aus der Sicht des Fußballspielers: alles falsch. Dass dein Geld weiter gezahlt wird, gibt dir eine finanzielle Sicherheit, aber so etwas Profanes wie Geld tröstet dich nicht über die Frage hinweg, warum du offenbar nicht mehr gut genug kicken kannst, um in einer Profimannschaft mitzuhalten. Geld beruhigt, Geld heilt nicht. Ich war in

Stuttgart aussortiert worden und war jetzt in Rom schon wieder im Begriff, aussortiert zu werden. Ich genügte den Bedürfnissen nicht, ich wurde so wenig gebraucht, dass der Trainer es sich erlauben konnte, kaum ein Wort mit mir zu reden.

In solchen Momenten ist der Fußballstar wie eine Journalistin, die auf einmal merkt, dass ihre Artikel nicht mehr geklickt werden. Wie ein Koch, dessen Lokal auf einmal nur noch halb voll ist. Du fragst dich, als Journalistin genauso wie als Koch oder als Fußballer: Was ist eigentlich passiert, das den Wert deiner Arbeit, und damit ja auch dein Renommee als Mensch, derart gemindert hat? Und du merkst es an jedem Detail, dass das, was du tust, gerade nichts mehr zählt.

Eigentlich wollte ich mir eine Wohnung in Rom suchen, obwohl ich ja nur diesen Halbjahresvertrag hatte. Schön einrichten, sich wohlfühlen, das war der Plan. Aber der Verein hat mich dann nach kurzer Zeit links liegen lassen. Ich spiele nicht mehr, also hat sich auch keiner mehr um mich gekümmert. Und dann allein in Rom eine Wohnung zu finden, ohne Unterstützung vom Verein und die Kontakte – vergiss es. Da bin ich vom Hotel, in dem mich der Verein untergebracht hatte, umgezogen in ein anderes Hotel, habe einen Haufen Geld bezahlt, um ein einigermaßen ordentlich großes Zimmer zu haben. Aber ich war natürlich dann doch ziemlich einsam in diesem eigentlich ganz netten Hotel. Du bist alleine und schaust deinem eigenen Abstieg zu.

Ich merkte es an jedem Tag. Besonders, wenn sich Besuch ankündigte. Bei so einer großen Familie kündigt sich ständig Besuch an, Rom ist ein schönes Ziel, nicht zu weit weg. Die Gäste können viel sehen, den Vatikan, den Petersdom und im Petersdom die Pietà von Michelangelo. Die sieht so aus, als würde sie noch leben. Aber die Gäste wollen natürlich auch sehen, was der Thomas so macht, bei seinem neuen Verein. Der Thomas, der doch immer gespielt hat in England, in Stuttgart.

Aber jetzt spielt er eben nur noch selten.

Ein bitteres Gefühl für einen Fußballspieler, wenn Neffen und Nichten sich anmelden und sich freuen, dass sie ihn am Wochenende spielen sehen werden, in einem anderen Stadion als sonst, in einem anderen Trikot als sonst. Alles sehr aufregend. Und dann muss er ihnen schon ein paar Tage vorher sagen: vielleicht spiel ich gar nicht, jedenfalls nicht von Anfang an. Ein bitteres Gefühl für einen Fußballspieler, wenn das Spiel dann beginnt, er hockt auf der Bank und weiß, dass seine Neffen und Nichten irgendwo da oben auf der Tribüne sitzen. Sie haben das Kulturprogramm am Vormittag erfolgreich hinter sich gebracht, jetzt freuen sie sich auf den Moment, in dem er endlich eingewechselt wird. Sie sind seine treuesten Fans. Aber dann wird er nicht eingewechselt.

Ich war froh, wenn Besuch, der sich angekündigt hatte, doch nicht kam. Weil ich, der nicht spielte, den Besuch dann nicht enttäuschen musste.

Mich hat diese Situation aus der Balance gebracht, dieses Nicht-gebraucht-Werden mit nicht mal dreißig Jahren. Ich habe gemerkt, wie tief das reingeht. Die Reihe derjenigen, die mit mir nichts mehr anfangen konnten, hatte sich erweitert, sie umfasste jetzt Markus Babbel,

Horst Heldt, Christian Groß, Davide Ballardini, Edoardo Reja. Eine Fünferkette.

Wenn jede Niederlage Wunden hinterlässt – und keiner zweifelt doch daran, dass jede Niederlage genau das tut –, dann war ich ein Verwundeter. Ich konnte nicht mehr Fußball spielen. Schon beim Training schrie alles in mir: Bitte spielt mich nicht an. Das hat jeder mitgekriegt, auch der Trainer. Wenn es schlimm anfängt, geht es schlimmer weiter.

Die politische Situation spielte sich für mich nur auf einer Nebenbühne ab. Es gab einen, der stand am Eingang des Trainingsplatzes, so ein Verstrahlter, der hat »Heil Hitler« gerufen – da fährst du dann halt vorbei, was willst du sonst machen? Einmal haben wir in Livorno gespielt, ein Klub, der extrem links ist. Ganz altes Stadion, schon bei der Platzbesichtigung war die Kurve der Lazio-Fans gut gefüllt, alle hatten Italien-Flaggen dabei. Das habe ich vorher noch nie gesehen. Erst mal ist das ja nicht verwerflich, aber die haben dann alle mit ihren Italien-Fähnchen gewedelt, und irgendwann haben sie angefangen, Duce zu schreien, Duce, Duce, Duce!

Dieses alles war irritierend, verstörend, aber ich hatte so viel mit mir zu tun, dass ich nicht auch noch die Frage an mich ranlassen konnte, wie faschistisch die Gesamtsituation unterlegt ist. Ich hatte keine Kraft, um da Stellung zu beziehen oder mit den Fans ins Gespräch zu kommen. Die nahmen von mir keine Notiz, ich spielte ja nicht. Ich hatte einen eigenen Sticker im italienischen Panini-Album, der mich als »Centrocampista« auswies, italienisch für »Mittelfeldspieler«. Aber was bleibt von einem Centrocampista, der nicht spielt? Ich war eine Nummer im Sammelalbum, eine Nummer im Kader. Die 15, aber eigentlich die 0. Die Tifosi sind extrem, wenn sie bewundern. Einen, der es in ihre Herzen schafft, wie der Brasilianer Roberto Falcao, nennen sie den achten König von Rom. Einer, der es nicht schafft, wie Thomas Izelperghe, ist für sie Luft. Die Tifosi sind extrem, auch wenn sie verachten.

Rom ist mir fremd geblieben, die Stadt, die Mannschaft. Wobei es natürlich Mitspieler gab, die mich beeindruckt haben. Fabio Firmani und Simone Del Nero haben sich bemüht, mich mal aus dem Hotel herauszukriegen, die wollten, dass ich am normalen Leben teilnehme. Und Aleksandar Kolarov, ein Serbe, war faszinierend, weil er einen noch gewaltigeren Schuss hatte als ich. Wenn ich der Hammer war, il martello, war er der Dampfhammer. Aber es gab auch solche, die mich irritierten, weil deren Standing sich mir nicht erschloss. Ich habe nicht verstanden, warum jemand wie Stefano Mauri immer gespielt hat und ich nie. Der hat mir den Platz weggenommen, mit so was konnte ich immer schon schwer umgehen, und ich dachte sowieso, ich wäre besser als der.

Drei Jahre später wurde Mauri von der italienischen Disziplinarkommission für sechs Monate gesperrt. Wegen eines Wettskandals.

Ich wollte immer weg nach den Spielen. Meistens blieb ich, aber nie blieb ich gerne. Ich war auf der Flucht: Jede Chance ergreifen, nach Hause zu fahren. Ich hab's nicht mehr ausgehalten. Wir hatten ein Auswärtsspiel, in Genua, noch für den Abend hatte ich ein Flugticket nach München gebucht, aber man konnte dann nicht fliegen, der Vulkan Eyjafjallajökull war ausgebrochen, eine Aschewolke zog über Europa, kein Flieger ging. Da habe ich die finanziellen Vorteile des Profifußballers tatsächlich mal schamlos ausgenutzt, einen Fahrer organisiert, ihm relativ viel Geld bezahlt und mich nach Hause chauffieren lassen. Auch das wäre fast schiefgegangen. Ich sage dem Fahrer das Ziel: Monaco. Und er biegt direkt Richtung Frankreich ab, nach Monaco. Ich korrigiere: »Monaco di Bavaria!« Dann ist er nach München gefahren, umsichtig, aber Gott sei Dank trotzdem zügig.

Wenn ich in Rom blieb, war ich oft in meinem Hotelzimmer. Die hatten auch einen gut sortierten Fitnessbereich in dem Hotel, und ich habe ein bisschen versucht, das Programm nachzuspielen, was mich schon bei der Sommermärchen-WM 2006 in Deutschland über Wasser gehalten hatte. Als ich damals gemerkt hatte, dass ich nicht in die Mannschaft komme, hatte ich umso konzentrierter trainiert, um mich fit zu halten für die Zeit nach der Weltmeisterschaft, die ja kommen würde. So machte ich es in Rom auch, ich versuchte es jedenfalls. Im Kraftraum des Hotels habe ich geackert, unbelastet von den Blicken der anderen. Ich wollte ja noch immer zur WM, und wenn Jogi Löw mich mitnehmen würde, wollte ich fit sein. Es sollte so werden wie 2006. Der Trainer sollte beeindruckt sein, wenn er mich sieht: Boah, der ist eine Maschine. Wenn ich auch bei zwei Vereinen nicht mehr gespielt hatte, wenn es also offenbar so große Zweifel an meiner fußballerischen Klasse gab, wollte ich immerhin das anbieten, was ich selbst organisieren konnte. Deswegen habe ich damals im Kraftraum meines Hotels in Rom

Intervall-Läufe gemacht. Ich wollte in der Nationalmannschaft der Fitteste von allen sein.

Aber mein Leben war inzwischen anders als noch beim Sommermärchen. Ich dachte in Rom viel nach, auch über meine Sexualität, das Thema schob sich mehr und mehr ins Bewusstsein. Ich spürte, dass ich Fragen habe, die ich beantworten musste. Auch das gehörte in meiner Zeit in Italien zu den Erkenntnissen: Ich war auf der Flucht – nicht nur auf der Flucht vor Rom. Ich hielt es nicht nur bei Lazio Rom nicht mehr aus, wollte nicht nur dem Konkurrenzkampf mit Stefano Mauri aus dem Weg gehen. Ich fühle mich von allem so bedrängt, weil ich mein anderes Thema angehen musste.

Jeder Tag erinnerte mich daran. Einmal, eine Situation im Training. Wir stehen da, Trainingsspiel, Vorbereitung auf den Freistoß, einer sagt zu mir: Was machst du heut Nachmittag? Paar Mädels kommen. Hast du Lust? Die hatten mitgekriegt, dass ich keine Freundin habe, dass ich allein da bin. Also, hast du Lust? Er hat nicht detaillierter beschrieben, was zu erwarten gewesen wäre für mich, wenn ich Lust gehabt hätte. Bunga bunga hat er nicht gesagt, aber was weiß man. Ich habe jedenfalls gesagt: Lass mal, ich hab keine Zeit. Und dann hast du gemerkt: Es wird immer schwieriger, denen zu erklären, warum man sich zurückzieht. Den Italienern, die ja so sozial sind. Zusammen essen, mit den Familien Zeit verbringen. Und da ist dieser Deutsche, der hier ständig für sich bleibt und keinen Anschluss sucht. Denen das eigene Distanzbedürfnis zu vermitteln, ohne es erklären zu können, war brutal unangenehm.

Ich ertrug keine Gesellschaft mehr. Wir haben manchmal noch nach dem Training auf dem Klubgelände zusammen gegessen, und ich hatte Angst davor, denn ich bekam neuerdings Schwitzanfälle, mit der Zeit wurden sie unkontrollierbar. Ich hatte Hunger nach dem Training, aber ich wollte mich mit den anderen nicht an einen Tisch setzen, ich wusste: Mir würde der Schweiß ausbrechen. Irgendwann saß ich im Lokal, es war warm, da habe ich auf einmal angefangen zu schwitzen, obwohl ich allein war. Das Wasser stürzte mir aus dem Hemdsärmel raus. Ich musste das Essen stehen lassen, schnell zahlen, schnell abhauen, schnell zurück ins Hotel. Ich habe damals eine Phobie entwickelt. Rom hatte mich mit Kälte empfangen, und später hat Rom dafür gesorgt, dass Hitze mir bedrohlich vorkommt. Das ist bis heute so.

Es gab so viele Fragen an mich selbst. Es gab so viele Erwartungen der anderen. Meine Fragen wurden drängender, die Erwartungen der anderen auch. Das alles überwältigte mich. Ich habe dann nur noch die Tage gezählt, bis die Zeit in Rom zu Ende geht.

Manchmal ist der Fußball gnadenlos. Wenn du unsicher bist, legt er das bloß, du kannst dich auf dem Platz nicht verstecken. Manchmal ist der Fußball aber auch gnädig. Ganz am Schluss meiner Zeit in Rom hat er mir dann doch noch einmal etwas gegeben.

Von 17 möglichen Spielen in der Serie A hatte ich nur sechs gemacht, das letzte davon Mitte Mai, gegen Udinese Calcio. Wir waren immerhin nicht abgestiegen, es ging um nichts mehr, und da hat Trainer Reja seine menschliche Seite gezeigt und mir das volle Spiel gegönnt, neunzig Minuten zum Abschluss. Noch mal das himmelblau-weiße Trikot. Noch mal die Nummer 15, wie in der Nationalmannschaft. Und in der 16. Minute hatte ich Platz, bei Udine stand Rafael Romo im Tor, der es mir leicht machte. Wenn der Fußball gnädig sein will, stellt er dir einen schwachen Keeper in den Weg. Aber bitte: mein Schuss mit links aus gut zwanzig Metern war auch platziert und hatte Tempo. Die anderen aus dem Team freuten sich für mich mit, ich stand nach meinem Tor in einer kleinen Traube von Gratulanten. Und wenn die Fans von Lazio damals, bei meiner Vorstellung, Kunststücke von il martello erwartet hatten – dann hatte ich jetzt, mit Verspätung, doch noch geliefert. Drei Minuten später hätte il martello fast gleich noch mal zugeschlagen, am Ende gewannen wir 3:1. Alles war leichter in diesem Spiel, vielleicht weil ich wusste: danach bist du frei. Nach dem Spiel habe ich mein Auto vollgepackt, bin mit meinem Bruder nach Hause gefahren – das war eine Riesenerleichterung.

In den Kader für die WM 2010 habe ich es trotzdem nicht geschafft, dafür hätte ich bei Lazio mehr spielen müssen. So entfernte sich die Nationalmannschaft von mir, und ich entfernte mich von ihr. Ich wurde unsichtbar. Einmal gab es noch eine Berührung in diesem Halbjahr 2010, ich stand im erweiterten Kader für das Freundschaftsspiel gegen Argentinien im März. Ein besonderes Spiel, Allianz-Arena in München, in der Rückschau war es sogar historisch. Nicht nur, weil bei Argentinien die Legende Diego Maradona als Trainer auf der Bank saß und die heraufziehende Legende Lionel Messi stürmte. In der deutschen Nationalmannschaft gab es zwei Debütanten, zwei Giganten der kommenden Jahre, Thomas Müller und Toni Kroos.

Ich durfte schon nicht mehr mitspielen in dieser Partie, die die Argentinier 1:0 gewannen. Es war aber trotzdem der Moment, in dem die deutsche Nationalmannschaft sich fand, die wenige Monate später bei der WM in Südafrika diesen überraschend großartigen Fußball spielen sollte. Lauter Hochbegabte. Manuel Neuer, Mesut Özil, Toni Kroos, Thomas Müller, dazu die Erfahreneren wie Philipp Lahm, Bastian Schweinsteiger, Lukas Podolski, Miroslav Klose. Was bei diesem Test gegen Argentinien schon in Umrissen sichtbar geworden war, nahm bei der WM dann Form an. Die Deutschen, eine Topmannschaft, wurden Dritter, aber sie waren dem Publikum zu Hause fast noch sympathischer als die Weltmeistermannschaft vier Jahre später, wo es zwischendurch ja auch viel Mäkelei gab. 2010 aber, das waren viele frische Gesichter, nichts altbekannt oder abgeschmackt. Die Mannschaft war keine typisch deutsche Erfolgsmaschine, sie spielte offensiv, kreativ, sie war im Flow. Im Achtelfinale zum Beispiel, beim Sieg gegen England.

Ich sah das Spiel daheim im Wohnzimmer bei meinen Eltern in Forstinning. Fast alle Qualifikationsspiele hatte ich mitgemacht, aber als die anderen dann losflogen, flogen sie ohne mich. Ich war ausgebootet in Stuttgart, ausgebootet in Rom, ausgebootet beim DFB.

Die deutsche Nationalmannschaft schlug England 4:1. Es machte Freude, ihr zuzusehen. Es tat weh, ihr zuzusehen.

WAS MUT BEDEUTET – WIE ES SICH ANFÜHLT, EIN VORBILD ZU SEIN

Wann ist ein Mensch ein Vorbild für andere Menschen, was kann er ihnen geben? Die Frage stelle ich mir oft, und natürlich werde ich auch immer wieder gefragt, ob ich mich selbst als Vorbild fühle. Für mich ist es einfacher, erst mal etwas über einen Mann zu sagen, dem ich jederzeit uneingeschränkt zugestehen würde, sich Vorbild nennen zu dürfen. Colin Kaepernick, American-Football-Spieler, Quarterback in der NFL, Star der San Francisco 49ers. Und dann arbeitslos, keinen neuen Job mehr gekriegt, ein Verfemter. Warum? Weil er bei mehreren Pre-Season-Spielen 2016 nicht aufgestanden ist, als die Nationalhymne gespielt wurde. Erst hat das niemand bemerkt, dann fiel es auf, dann hatte Kaepernick ein Thema gesetzt, dann wurde das Thema zur Botschaft: »Ich werde mich nicht hinstellen und stolz auf eine Flagge sein, die für ein Land steht, das Schwarze und andersfarbige Menschen unterdrückt«, hat er gesagt. Und: »Für mich ist dieses Thema größer als Football – und es wäre selbstsüchtig, wenn ich einfach wegschauen würde.«

Es gibt diesen berühmten Werbespot der Sportartikelfirma Nike – ich weiß nicht, wie oft ich ihn gesehen habe. Wenn ich das Gefühl habe, mich inspirieren lassen zu müssen, schaue ich ihn mir immer noch an, und er haut mich immer noch um. Zu sehen sind Shaquem Alphonso Griffin, Serena Williams, Alphonso Davies und andere Athleten und Athletinnen, die über sich hinausgewachsen sind. Griffin ist, mit nur einer Hand, NFL-Star geworden. Williams hat es aus dem Armenviertel Compton, einem Stadtteil von L.A., zur besten Tennisspielerin der Welt gebracht, Davies ist ein Fußballstar beim FC Bayern und in der kanadischen Nationalmannschaft, aber geboren ist er im Flüchtlingslager Buduburam in Ghana.

Colin Kaepernicks Geschichte hat noch ein Sternchen, deswegen darf er in diesem Werbespot der Erzähler sein, der Moderator. Man sieht ihn erst von hinten, seine Silhouette, der berühmte ikonografische Lockenkopf. Dann dreht er sich zur Kamera und damit zum Publikum und sagt: »Believe in something, even if it means sacrificing everything.« Also: »Glaube an etwas, auch wenn es bedeutet, dafür alles opfern zu müssen.«

Alles opfern. Das ist der Unterschied seiner Biografie zu den anderen Aufsteigergeschichten. Alles opfern ist mehr als alles geben, noch mehr. Alles opfern bedeutet: Dass er, Kaepernick, etwas gewagt hat und dafür gezahlt hat. Dass er gegen Rassismus aufgestanden ist und deshalb seinen Job verloren hat. Dass er sich auch noch degradieren lassen musste nachträglich, diese Nihilisten gibt es immer, die jedes Engagement entwerten, weil sie zu bitter geworden sind, um überhaupt noch an irgendwas zu glauben. Diese Leute sagen dann: Ach, er war ja eh kein brauchbarer Quarterback.

Wie armselig das ist.

Das, was Kaepernick gemacht hat, ist für mich Mut. Das Risiko einzugehen, dass meine Lebenssituation sich durch mein Engagement verändert, vielleicht verschlechtert. Aber ich bin bereit, das zu akzeptieren, weil ich anderen Menschen helfen will, weil ich eine Idee unterstützen will, weil ich für andere Menschen da sein will. Muhammad Ali hat den Kriegsdienst in Vietnam verweigert, er wurde deshalb gesperrt und hat die besten Jahre seiner Karriere hergeschenkt, weil es etwas Größeres gab, für das er kämpfen wollte, Frieden, Gerechtigkeit. Sein berühmter Satz: »Kein Vietcong hat mich je Nigger genannt.« Und auch bei ihm krakeelten die Nihilisten: Ach, seine Karriere war doch eh schon vorbei. Aber nach seiner Sperre hat Ali dann denen das Maul gestopft und in seinen Fights gegen Frazier und Foreman gezeigt, was noch in ihm steckte. Jeder kennt ja diese Geschichte.

Oder der Sprinter Tommie Smith. Das Bild von den Olympischen Spielen 1968 in Mexico City kennt auch jeder. Wie er und sein Teamkollege John Carlos bei der Siegerehrung nach dem 200-Meter-Lauf je eine Faust hochreißen, in schwarzen Handschuhen, das Symbol der Black-Power-Bewegung damals, der Kampf gegen die Diskriminierung der afroamerikanischen Bevölkerung. Noch heute weiß jeder, der das Bild sieht, um was es geht. Eine große Geste. Und ein hoher Preis, den Tommie Smith zu zahlen hatte. Er musste das Olympische Dorf verlassen, bekam danach jahrelang keinen Job mehr, galt als Verräter, der das Image der Nation besudelt hat. Familienmitglieder bekamen Gülle und tote Ratten mit der Post geschickt, seine Mutter starb ein paar Jahre nach den

Spielen an einem Herzinfarkt. Tommie Smith hat später in seiner Biografie den unfassbaren Satz geschrieben: »Mexico City hatte mir meine Mutter genommen, meine Ehe zerrüttet und mich ohne Lebensgrundlage zurückgelassen.« Das war der Preis dafür, dass Smith noch fünfzig Jahre nach seiner Aktion bekannt ist als jemand, der für die Gleichberechtigung von Schwarzen gekämpft hat, mutig und vor der ganzen Welt.

Ein Kampf, der nie als gewonnen verstanden werden darf, wie man in der Gegenwart wieder sehr deutlich sieht.

Wann ist ein Mensch also ein Vorbild für andere Menschen? Wenn er für seine Überzeugung eintritt und dabei auch Schmerzen in Kauf nimmt. »Mut bedeutet, zu wissen, dass es wehtun kann – und es trotzdem zu tun«, hat der Autor Jeremy Goldberg gesagt.

Im sportlichen Alltag kommt dieser Mut selten vor. »Für mich ist dieses Thema größer als Football – und es wäre selbstsüchtig, wenn ich einfach wegschauen würde« –, der Satz von Kaepernick wurde bei der Fußballweltmeisterschaft in Katar nicht belebt. So viele Topfußballer, aber kaum einer, der über Arbeitsmigranten oder die Behandlung von Minderheiten und den Umgang mit Homosexuellen gesagt hätte: »Für mich ist dieses Thema größer als Fußball – und es wäre selbstsüchtig, wenn ich einfach wegschauen würde.«

Diese Frage stand doch im Raum: Soll man in Katar die One-Love-Binde tragen, trotz der Drohungen der FIFA? Und dann hat keine Mannschaft den Turnierausschluss in Kauf genommen, keine Mannschaft hat einen Punktabzug in Kauf genommen, keine Mannschaft hat eine Gelbe

Karte in Kauf genommen. Kein Spieler war bereit, etwas aufs Spiel zu setzen für eine Überzeugung.

Aber waren die Fußballer bei der WM deshalb denn feige? Vielleicht waren sie einfach nur ehrlich.

Denn was verbindet die Spieler denn wirklich mit einem Thema wie der Not von Arbeitsmigranten? Heute, so kommt es mir vor, wird bei Sportstars, die in erster Linie Karriere machen wollen, manchmal Engagement synthetisch erzeugt. Das Motto der Imageberater: Wenn Sportler nebenbei noch eine Haltung haben, lässt sich diese Haltung womöglich gut mitvermarkten. Einige Sportler haben Stiftungen, und ich wäre der Letzte, der so etwas kleinreden würde. Geld zu sammeln für Menschen, die dieses Geld brauchen, ist ein Wert. Aber die Berater werden immer darauf achten, dass die Konzentration aufs Training und die Leistung nicht darunter leidet. Und dass ein solches Engagement in die Story dieses Sportlers passt.

Echtes Engagement – also etwas, das sich über Beraterinteressen hinwegsetzt – hat dagegen oft mit persönlichem Erleben zu tun. Der Sportler setzt sich für etwas ein, weil das Thema ihn selbst bewegt oder weil er auf einen Missstand aufmerksam machen will, unter dem er selbst leidet. Weil er sich in einem bestimmten Bereich selbst zurückgesetzt oder ausgegrenzt gefühlt hat. Der Brasilianer Sócrates oder Predrag Pašić aus Bosnien-Herzegowina: ihr Engagement war die Folge von persönlichen Erfahrungen. Sócrates ist politisiert worden durch die Militärdiktatur in Brasilien, Pašić durch die Jugoslawienkriege, der eine hat danach für freie und gleiche Wahlen demonstriert, der andere hat eine multiethnische Fußballschule gegründet. Und beides war eine Reaktion auf Brüche in der eigenen Biografie.

Welche derartigen Brüche gäbe es im Leben eines deutschen Nationalspielers, Multimillionärs, der ausgesorgt hat? Als die Bayern sich vor Kurzem vom langjährigen Trainer des Torwarts Manuel Neuer getrennt haben, hat Neuer gesagt: »Ich hatte das Gefühl, mir wird mein Herz rausgerissen, das war das Krasseste, was ich in meiner Karriere erlebt habe.« Und natürlich kann man sagen: glücklicher, glücklicher Mensch, wenn das wirklich das Krasseste war, was du in deiner Karriere durchlitten hast. Andererseits, das spricht für Manuel: Er war aufrichtig. Das Erlebnis mit seinem Torwarttrainer hat ihn verunsichert. Kein Grund, diese Ehrlichkeit zu behämen.

Große Sportler haben eine brutale Macht und Wirkung auf ihre Anhänger und ihre Fans. Der Schweizer Bundesrat Adolf Ogi hat einmal gesagt: »Wenn Fußball-Idol Zinédine Zidane ein einziges Mal feststellt, Aids ist ein Problem, dann erregt das mehr Aufsehen, als wenn das ein Politiker jeden Tag behauptet.« Und heute? Wenn du einen 14-jährigen Jungen aus dem Pariser Vorort ansprechen willst, dann wird das ein Politiker oder sonst ein Anzugträger nicht mehr schaffen. Mbappé wird es schaffen, vielleicht.

Aber ein Spieler, gerade einer aus der Multi-Million-Dollar-Kategorie, muss immer abwägen, bei allem, was er sagt und tut: welche Auswirkungen hat das auf meine Karriere? Wenn Sportler den Impuls haben, sich gegen ein Unrecht zu stellen, kommen nicht selten die Berater ins Spiel und werden versuchen, dem Sportler das auszureden. Jedenfalls dann, wenn es um mehr geht als ein bisschen Charity.

Schon ganz jungen Fußballern wird eingebläut: Du hast jetzt 15 gute Jahre, das ist deine Karriere. Und den Rest des Lebens kannst du dann davon leben. Wie bizarr, dass man das Leben von Individuen begrenzt auf diese zehn bis 15 Jahre. Sind Fußballer nach der Karriere etwa nicht mehr arbeitsfähig? Können Fußballer nicht außerhalb des Fußballs ihr Geld verdienen? Sind sie denn zu dumm, um sich einen Platz im sogenannten wahren Leben zu reservieren? Kein Wunder, dass Fußballer kaum Geduld haben, wenn es mal irgendwo bei einem Verein nicht läuft, die Uhr tickt schließlich, nur 15 Jahre dauert die Karriere, die Uhr tickt runter, der Countdown läuft, und kein Moment darf verloren gehen. Der letzte Vertrag ist auch so ein Begriff, der sich eingebrannt hat in der Gedankenwelt der Fußball-Blase, auch in den Chats auf Social Media. Der letzte Vertrag ist besonders wichtig, da muss die Ernte eingefahren werden, sagen die Berater. Danach kannst du dein Leben in Ruhe genießen.

Wenn also während seiner Karriere jemand das Bedürfnis hat, sich für etwas zu engagieren, kommt sofort eine Spirale der Angst in Gang: Oh, ich setze da was aufs Spiel, wenn ich mich äußere, wenn ich mich positioniere, wenn ich mich oute. Es gibt bei den Beratern kaum jemanden, der die Geschichte andersherum erzählt: Wenn du klar bist, wenn du eine klare Haltung hast und sie mit Überzeugung vertrittst, wirst du noch viel interessanter, auch für die Zeit nach der Karriere. Das erzählt Fußballern keiner, denn die Entwicklung einer Persönlichkeit ist bei Karriereplanern, Beratern, Managern in der Regel nicht vorgesehen.

Ich kann mir vorstellen, dass es auch bei Kaepernick und Muhammad Ali Leute gab, die ihnen am liebsten alles ausgeredet hätten. Aber das, was in ihnen war, war stärker, es musste einfach raus. Selbst bei mir, in einem viel kleineren Wirkungsbereich und sehr weit entfernt von der Bedeutung eines Ali, einer Serena Williams, eines Colin Kaepernick, gab es welche, die sogar nach der Karriere gesagt haben: Coming-out? Vorsicht!

Womit wir bei der Frage wären, ob ich mich selbst als Vorbild fühle – oder wie ich damit umgehe, als Vorbild betrachtet zu werden. Ich würde sagen: mein Empfinden ist da ambivalent. Wenn wir ehrlich sind, ist das Allermeiste im Leben ambivalent.

Manchmal sagen Leute, wie mutig sie mein Coming-out finden. Ich glaube, mutig ist gar nicht der passende Begriff. Ich lebe in Deutschland, ich bin geschützt durchs Gesetz – was kann mir passieren? Wenn irgendjemand sagt, er will kein Kumpel mehr von mir sein, weil ich schwul bin: so what. Dann habe ich andere Menschen, die zu mir stehen. Ich komm klar damit. Denn ich habe mir eine Unabhängigkeit und Freiheit erarbeitet, auch finanziell. Allerdings: Nicht jeder, der sich outet, kann das von sich sagen. Nicht jeder hat dieses Glück im Leben gehabt, das ich hatte.

Was bedeutet das Wort Vorbild, was bedeutet es für mich? Im vergangenen Jahr hatte ich ein besonderes Erlebnis. Der spanische Fußballklub Athletic Bilbao, Stolz des Baskenlandes, wurde 125 Jahre alt. Athletic ist bekannt geworden als ein Klub, der ausschließlich auf Spieler aus baskischen Provinzen setzt, sie beschreiben sich selbst als Verein, in dem Demut, Anstrengung und Entschlossenheit allergrößte Bedeutung haben. Zum Jubiläum hatten sie sich in Bilbao eine besondere Aktion ausgedacht, für jeden Monat wurde ein Botschafter oder eine Botschafterin ausgewählt, die für bestimmte gesellschaftliche Werte steht. Im März 2023 war Honey Thaljieh berufen worden, Kapitänin der palästinensischen Frauen-Nationalmannschaft, Frauenrechtlerin. Der Botschafter für Vielfalt im April war ich.

Ich war gerührt von der Anfrage. Da gibt es also einen Klub, zu dem ich gar keinen persönlichen Bezug habe, und die sind dort der Auffassung, dass ich etwas Gutes getan habe. Ich bin nach Bilbao geflogen, um das Ehrenamt anzutreten, und die Leute waren unglaublich nett und bemüht. Ich habe mich mal wieder geärgert, dass ich so gar kein Spanisch spreche, ganz zu schweigen von Baskisch. Man spürt, dass dieser Klub wirklich besonders ist. Die laufen und rennen für ihre Mannschaft, aber auch für eine Überzeugung. Genau so hat sich das jedenfalls angefühlt. Wie der FC Barcelona und Real Madrid ist Athletic Bilbao, getragen von diesem ganz eigenen Spirit, noch nie aus der Primera División abgestiegen.

Der Fußball hat viele Geschäftsleute und Profiteure hervorgebracht, Imageberater, Business-Experten, Manager. Alles ist durchsetzt mit Menschen, die den Business-Sprech aus dem Effeff beherrschen. »Sockel-Ablöse«, »Wiederverkaufswert«, »Boni obendrauf«.

In Bilbao gibt es natürlich auch Geschäftsleute, aber nicht nur. Ich war zu Gast in der Nachwuchs-Akademie, alle Nachwuchstrainer waren da, Galder Reguera von der Kulturstiftung des Vereins hat mich vorgestellt und erklärt, warum ich Vielfalts-Botschafter bin. Reguera ist Philosoph und Autor, eines seiner bekanntesten Bücher, »Hijos del fútbol«, ist eine Reflexion über die Globalisierung des Fußballs, seine Werte, seine Abgründe. Und dann denkst du: Wo gibt es das? Dass solche Leute in einem Fußballverein so eine Bedeutung haben. Es gab Diskussionen: Wie sollen wir damit umgehen, wenn ein Nachwuchsspieler sich outet, solche Gespräche. Und dann denkst du: Wie toll ist es, dass bei einem Verein so viele Leute sich versammeln, um mit einem Botschafter wie mir über solche Themen zu reden?

Ich durfte einem Filmteam von Athletic Bilbao erklären, um was es mir geht, sie haben den Vortrag auch bei ihrem *Youtube*-Kanal eingestellt, 110.000 Abonnenten, ein ziemlich respektables Publikum. Ich sage in dem Video, dass ich denen dankbar bin, die mir eine Plattform verschafft haben, nur deshalb kann ich öffentlich reden, werde gehört, bin sichtbar. Und dann, bewusst so formuliert, es soll wie eine Einladung klingen: »Hoffentlich hören das da draußen ein paar Leute, denen das hilft, und sie sagen dann: Wenn dieser Typ mutig genug war, sich zu outen, dann kann ich das auch.«

Wenn ich also schon Vorbild sein soll, dann diese Art Vorbild: nicht im Sinn eines Idols, eines Posterboys, sondern nahbarer. Jemand, der seinen Erfahrungsschatz teilt. Ich kann derjenige sein, der Menschen eine Stimme gibt.

Wenn man schwul ist und noch nicht gesagt hat, dass man schwul ist, fühlt man sich allein und denkt, dass man diese Erfahrung ganz allein macht. Es macht Angst, sich allein zu fühlen. Es beruhigt, wenn man merkt: man ist nicht allein.

Auch ich musste erst sehr viele Geschichten hören und lesen, um zu spüren: Du bist nicht allein. Der walisische Rugbyspieler Gareth Thomas hat mir, ohne es zu wissen, mit seinem Coming-out geholfen. Auch Robbie Rogers, schwuler Fußballprofi der Major League Soccer. Je mehr Geschichten ich hörte, desto besser, befreiter fühlte ich mich, desto mutiger wurde ich. Deshalb erzähle ich den Leuten meine Geschichte. Um denen, die sich angesprochen fühlen, das Gefühl zu geben: sie sind nicht außen vor. Sie gehören dazu.

Manchmal bekomme ich, ganz beiläufig, immer noch Feedback. Kürzlich stehe ich zum Beispiel im Zug vor den Toiletten, beide besetzt, was willst du machen, du musst warten. Und einer, der mit mir wartet, schaut mich an und sagt dann: »Toll gemacht. Mein Bruder ist auch schwul.« So was kommt vor. Jemand kennt mich, jemand spricht mich an, und dann merkst du: du hast einen Einfluss gehabt auf das Leben von anderen Menschen. Das kann ich gut annehmen. Ein schönes Gefühl, es muss nicht mal mit vielen Worten hervorgerufen werden, einfach durch eine zufällige Begegnung.

Mit offiziellen Ehrungen tue ich mich schwerer. Als mir Bundespräsident Frank-Walter Steinmeier im Schloss Bellevue das Bundesverdienstkreuz verliehen hat, war ich mal wieder hypernervös, ich fürchtete, der

Schweiß würde mir ausbrechen, das alte Thema. Und ich habe mich sogar während der Feierstunde gefragt, ob das, was ich gemacht habe, eigentlich wirklich ausreicht für so eine Auszeichnung. Da gibt es Leute, die waren fünfzig Jahre im Ehrenamt, sie haben sich so lange für die Zivilgesellschaft eingesetzt, sie haben jemandem das Leben gerettet. Und neben denen komme ich mir fast deplatziert vor.

Ich bin in den vergangenen zehn Jahren nach dem Coming-out oft in Schulen gewesen, manchmal waren nur zehn Leute da und zwei Lokaljournalisten. Inzwischen schaffe ich nicht mehr jeden Termin, aber ich versuche, jede Anfrage persönlich zu beantworten. Manchmal fahre ich immer noch auch dahin, wo nur wenige Leute sind. Termine wie diese: Eine Lehrerin aus Salzburg hat sich bei mir gemeldet, eine Religionslehrerin. Sie wisse nicht mehr, was sie tun soll – die Jungs in ihrem Unterricht hätten so ein komisches Verhältnis zu Homosexualität, das sei für die alles igitt und furchtbar. Da habe ich sie angerufen und gesagt: Ich komme gern vorbei. Bevor ich da erscheine, können die Jungs im Netz schon nachschauen, wer ich bin. Dann lesen die: ich war Fußballer – also das, was viele von denen werden wollen. Ich war Profi, ich lebe den Lifestyle, den die noch erreichen wollen. Wenn ich also dahinfahre und sie sehen, dass ich gerade nicht ihrem Klischee von Schwulen entspreche, dann ist das vielleicht eine Chance, dass sie anfangen, anders zu denken.

Manchmal werde ich gefragt, warum ich selbst diese kleinen Termine immer noch wahrnehme. Warum also?

Es bleibt einfach wahr, was Dan Savage geschrieben hat, als er die »It gets better«-Kampagne vorgestellt hat: »Ich wünschte, ich hätte nur fünf Minuten mit dem Jungen reden können. Ich wünschte, ich hätte Billy sagen können, dass es besser wird. Ich wünschte, ich hätte ihm sagen können, dass es besser wird, egal wie schlimm die Dinge waren, egal wie isoliert und allein er war.«

VOM LOCAL HERO ZUM SPALTER – MEINE BEZIEHUNG ZU STUTTGART UND DEM VFB

Als Fußballspieler bleibt man den Leuten in Erinnerung durch einen Steilpass oder eine Parade, eine Rettungstat kann sich im kollektiven Gedächtnis genauso verhaken wie eine Rote Karte zum falschen Zeitpunkt. Du kannst dich durch einen Fehler unsterblich machen, kannst für alle Ewigkeit eine Lachnummer sein. Aber es kann auch umgekehrt laufen und ein Tor, mit dem du den Abstieg verhinderst, macht dich zum Helden. Noch besser: Ein Tor, mit dem du die Meisterschaft klarmachst. Du kannst den Ball irgendwie reinmurmeln, es kann ein Abstauber sein, aber wenn dein entscheidendes Tor auch noch wunderschön ist, ein Kunststück – dann hast du den perfekten Moment erlebt. Und du hast ihn nicht für dich allein erlebt, sondern gemeinsam mit dem Publikum, und danach ist das Verhältnis von dir zu diesen Leuten ein anderes. Du bist fortan mit ihnen verbunden, denn du teilst mit ihnen die Erinnerung an einen speziellen Augenblick im Leben.

19. Mai 2007, letztes Saisonspiel, klassisch samstags um halb vier. Es ist angerichtet. Heimspiel, 56.000 Leute im Gottlieb-Daimler-Stadion. Wir gehen als Tabellenführer in dieses Saisonfinale, wir haben die vergangenen sieben

Partien gewonnen und brauchen noch einen Punkt, dann sind wir Meister. Energie Cottbus ist der Gegner, für die geht es um nichts mehr. Für uns geht es um alles.

Cottbus geht in der 19. Minute in Führung, Torschütze Sergiu Radu, und jetzt müsste unsere Antwort kommen, und es wäre gut, wenn sie bald käme. Was können wir jetzt tun? Wir können mal versuchen, ob auch im Spiel das funktioniert, was wir in der Unverbindlichkeit des Trainings oft geübt haben. Pavel Pardo gibt den Ball hoch rein, ich bin eigentlich gar nicht beteiligt, ich bin nicht im Zentrum des Geschehens, deshalb passt keiner richtig auf mich auf. Ich schleiche mich an. Ich komme aus dem Nichts und schlage dann zu. So haben wir das im Training einstudiert. Wenn es eh gerade gut läuft, legt man im Training gern noch ein paar Extraschichten ein. Halbe Stunde Freistoßtraining. Oder halt noch eine Flanke von Pavel Pardo, die mir praktisch auf den Fuß fällt, und ich ziehe voll durch und der Ball rauscht ins Tor oder sonst wohin. Macht ja nichts, ist doch nur zum Üben.

27. Spielminute im Spiel gegen Cottbus. Ecke von rechts. Pavel Pardo schlägt sie hoch rein, ich stehe außerhalb vom Strafraum, ziemlich zentral, 22, 23 Meter zum Tor, die Cottbuser Verteidiger achten nicht auf mich, ich bin zu weit weg vom Tor, um etwas anrichten zu können. Der Ball senkt sich, wie im Training geübt, fällt mir praktisch auf den Fuß, den linken natürlich, und ich nehme ihn volley, mit einer kühnen Mischung aus Spann und Innenrist. Als der Fuß den Ball trifft, macht es pock. Und einen Augenblick später, als der Ball im Netz einschlägt, macht es brrrrt. Alles geht sehr schnell: Als der Cottbuser

Torwart Tomislav Piplica losspringt, tropft der Ball hinter ihm schon wieder erschöpft auf den Rasen.

Und ich renne wie angestochen zur Seitenlinie raus, trete die Eckfahne um, ein für mich komplett ungewohnter Kontrollverlust. Die anderen Spieler laufen mir schreiend hinterher, und die Ersatzspieler rennen mir schreiend entgegen. In dem Augenblick sind wir noch gar nicht Meister, aber wir fühlen uns schon so, da kann nichts mehr kaputtgehen, heute ist unser Tag.

Wenn wir dem 0:1 noch länger hätten hinterherrennen müssen, wenn aus dem Spiel gegen einen Gegner ein Spiel gegen die Uhr geworden wäre – vielleicht hätten wir dann tatsächlich Probleme bekommen. Mein 1:1 war das Signal an die aufmüpfigen Cottbuser: Nee, nee, wir sind im Moment so gut drauf, wir haben auf alles eine Antwort. In der zweiten Halbzeit hat Sami Khedira dann noch das 2:1 gemacht, Deckel drauf, wir waren tatsächlich deutscher Meister.

Im Stadion rasten alle aus. Die Spieler tanzen über den Rasen, stellen sich aufs Absperrgitter, zeigen den Fans die Schale, die Fans singen. »Deutscher Meister ist nur der VfB« – da hält mir die Field-Reporterin Isabella Müller-Reinhardt das Mikro hin und fragt: »Können Sie das, was sich gerade hier abspielt, überhaupt in Worte fassen?« In dem Moment schüttet mir mein Verteidigerkollege Markus Babbel den Inhalt einer Champagnerflasche über den Kopf. Aber ich, der ich gerade noch, rasend vor Glück, die Eckfahne umgetreten hatte – ich habe mich schon wieder unter Kontrolle, ich bin wieder so, wie man mich kennt. Ich sage, als säße ich mit der Moderatorin irgendwo in der Ruhe eines Studios: »Dass das, wovon wir immer geträumt haben, jetzt Wirklichkeit geworden ist, ist einfach überragend.« Babbel kippt nach, mir läuft die Suppe aus den Haaren, das Zeug brennt in den Augen, und allmählich wird mir klar, dass es vielleicht doch keine so glorreiche Idee ist, sich mit dem champagnergetränkten Trikot den Champagner aus den Augen zu wischen.

Dieser Tag ist ein Grund dafür, dass immer noch viele Menschen glauben, ich wäre Stuttgarter, dabei habe ich nur viereinhalb Jahre für den VfB gespielt, vom Sommer 2005 bis Ende 2009. Aber die Meisterschaft brennt sich ein, danach trägt man, jedenfalls vor dem inneren Auge der Fantasie, für immer den berühmten VfB-Brustring mit sich herum. Der VfB-Brustring hat starke Klammerkräfte.

Es hätte anders kommen können. Da ist der Fußball unberechenbar wie das unberechenbare Leben selbst. Sosehr wir uns darum bemühen, eine Formel zu finden, mit deren Hilfe man Erfolg im Fußball berechenbarer macht – ohne Glück wirst du nichts gewinnen. Meine Zeit in Stuttgart ist ein Beispiel dafür, wie langfristige Entwicklungen von Momententscheidungen abhängen. Du beschließt nicht, Local Hero zu werden, Nuancen machen dich dazu. Denn am Anfang der Meistersaison war ich schon fast weg aus Stuttgart.

Im ersten Saisonspiel verloren wir zu Hause gegen Nürnberg 0:3, ich war Linksverteidiger – und ich hasste es, Linksverteidiger sein zu müssen. Meine Note im *Kicker*: eine glatte 5, noch gnädig. Trainer Armin Veh ließ mich in den nächsten beiden Spielen gegen Bielefeld und Dortmund draußen, da sagte ich meinem Berater, er solle sich umhören, ich müsse hier weg, so schnell wie möglich. Mein Pech, das im Nachhinein mein Glück war: Es gab so schnell keinen passenden Verein. Dann war Länderspielpause, EM-Qualifikation in San Marino, das Spiel ist mir in bester Erinnerung, denn wir gewannen 13:0, und ich schoss als Einwechselspieler zwei Tore.

War doch nur San Marino? So reden nur die, die nicht verstanden haben, dass ein Fußballer in der Krise nur durch Erfolgserlebnisse aus der Krise geholt werden kann, anders geht es nicht. Und auch Tore in einem Länderspiel gegen San Marino sind Erfolgserlebnisse. Selbst wenn er gegen Lummerland auf der Linie retten würde, wäre das für einen Fußballer in der Krise ein Zeichen, dass ihm doch noch irgendwas gelingen kann.

Danach habe ich mich in Stuttgart wieder reingespielt, gegen Bremen und Frankfurt schon wieder ein paar Minuten gespielt, gegen Leverkusen schoss ich vier Minuten nach meiner Einwechslung ein Tor. Und während ich wieder in die Mannschaft hineinwuchs, wuchs diese Mannschaft selbst, nach dem ersten Spiel waren wir Tabellenletzter gewesen, im November waren wir dann Erster. Die Mannschaft, der ich nur noch angehörte, weil mein Berater so schnell keinen Verein für mich gefunden hatte, stabilisierte sich, wir entwickelten einen Teamspirit, wie ich ihn davor und danach bei kaum einem Team erlebt hatte. Du merkst das, wenn du dich wirklich auf jedes Training freust, Rituale bilden sich heraus: Was einmal Glück gebracht hat, wird jedes Mal wiederholt. Immer am Abend vor dem Spiel Karten spielen auf dem Hotelzimmer, immer am Abend vorm Spiel Klubsandwiches für alle bestellen.

Der VfB Stuttgart der Saison 2006/2007 war irgendwann nicht mehr aufzuhalten, und als wir am 27. Spieltag Dritter waren, beschlossen wir, die Angelegenheit dadurch zu entscheiden, dass wir sämtliche Spiele bis Saisonschluss gewinnen. Und so haben wir es dann gemacht.

In der Saison danach spielten wir in der Champions League spektakulär unerfolgreich, verloren fünf von sechs Gruppenspielen, spornten aber die Fans zu dem Stimmungslied »Stuttgart international kann man nur besoffen sehen« an. Im letzten Spiel beim FC Barcelona ging es um nichts mehr, deshalb blieb ich auf der Bank und wurde für die Bundesliga geschont. Was ich in Stuttgart – und auch danach – nicht geschafft habe: einmal im Nou Camp aufzulaufen. Was ich in Stuttgart – und auch danach – ebenfalls nicht geschafft habe: das Tor des Monats zu schießen. Nicht mal der Strahl gegen Cottbus war gut genug, denn eine Woche später spielten wir das Pokalfinale gegen Nürnberg und verloren 2:3 in der Verlängerung. Die Nürnberger hatten uns das Double verdorben, und das Siegestor des Dänen Jan Kristiansen wurde Tor des Monats Mai 2007.

2016, nachdem ich einiges in meinem Leben geklärt hatte, bin ich zum VfB zurückgekommen, als »Beauftragter des Vorstandes in der Schnittstelle zwischen der Vereinsführung und dem Lizenzspielerbereich«, diesen Titel trug ich tatsächlich, die *Bild* machte »BdVidSzdVudL« daraus, sie machte sich lustig, weil der Titel lächerlich war. Aber ich war nicht lange BdVidSzdVudL, 2018 wurde ich Direktor des Nachwuchsleistungszentrums, im Februar 2019 Sportvorstand, im Oktober 2019 Vorstandsvorsitzender der in eine Aktiengesellschaft ausgegliederten Profifußball-Abteilung.

Für meine Kritiker war das zu schnell zu viel Macht, ich bediente das Klischee des Exfußballers, der zu rasant aufsteigt. Nur bin ich in eine Phase reingeraten, in der der VfB noch mehr brodelte als sonst schon – und er brodelt ja fast immer. Ein Datenskandal musste aufgeklärt werden, das Thema Corona lag bald drohend und möglicherweise existenzgefährdend über allem. Und seit Ende 2019 hatte der VfB einen neuen Präsidenten, Claus Vogt, ein Mann der Basis, der sich früher dafür ausgesprochen hatte, dass die Fankultur Teil des UNESCO-Weltkulturerbes werden soll. Er kam bei den Leuten an, ich aber gehörte zu denjenigen, die der Meinung waren, dass es bei der nächsten Mitgliederversammlung trotzdem einen Gegenkandidaten zu Vogt geben sollte. Und diese meine Kandidatur fürs Präsidentenamt habe ich in einem offenen Brief erklärt.

Mit der Distanz von einigen Jahre betrachtet: der Offene Brief war nicht die richtige Form für diesen Schritt. Und der Ton meiner Kritik war nicht angemessen im Umgang mit einem gewählten Präsidenten. Kritik zu formulieren muss möglich sein. Aber wie ich es gemacht habe, war falsch.

In der Kommunikation – also in einem Bereich, wo man mir zugetraut hat, dass ich besonders gut bin – hatte ich Fehler gemacht. Und fortan mit den Konsequenzen zu leben. Mir wurde Machtgier unterstellt. Die Ultras vom »Commando Canstatt 97« fragten auf einem Banner, ob die Mercedesstraße in Stuttgart bald in »Thomas-Hitzlsperger-Allee« umbenannt wird. Die Stadt war extra für mich liebevoll umdekoriert worden, überall pappten Aufkleber mit meinem Porträt und der Aufschrift »Spalter«. Du fährst also morgens ins Büro, siehst diese Sticker und denkst: Was ist hier eigentlich los?

Ich, als »the Hammer« Fanliebling bei Aston Villa, als »der Hammer« Fanliebling beim VfB, war zu einer Art Hassfigur geworden. Eine Extremerfahrung im Leben: einen Fehler gemacht haben, sich entschuldigen, aber zu spüren – die Geschichte hängt dir nicht nur nach. Es ist schlimmer: Du bist komplett in ihr gefangen. Und du bist, das ist kennzeichnend für solche Phasen, nicht mehr stark genug, das Ding noch selbst zu drehen, du bist abhängig von den Umständen. Und es hilft dir null, dass du mal vor vielen Jahren fast das Tornetz zerfetzt hättest mit einer Direktabnahme gegen Cottbus.

Was in der Lage super war: Wie komplett unbeeindruckt die Mannschaft gewesen ist. Ich hatte Sven Mislintat als Sportdirektor geholt, später den damals im Profifußball noch unbekannten Pellegrino Matarazzo als Trainer, mit den beiden waren wir gerade wieder in die erste Liga aufgestiegen und spielten eine gute Saison. Viele hätten sich gefreut, wenn die Mannschaft abgeschmiert wäre. Dann hätte es mich noch heftiger erwischt: Der fängt hier Querelen an, die Mannschaft leidet drunter, der setzt den ganzen Verein aufs Spiel – diese Geschichte hätten viele gerne erzählt. Aber weil die Mannschaft gut spielte, bot sich diese Angriffsfläche nicht.

Ich wollte nicht davonlaufen, aber ich fühlte mich auch nicht mehr wohl. Was lernt man aus so einer Situation? Dass es manchmal nur hilft, den Schauplatz zu verlassen. Ende März 2022 lösten wir meinen Vertrag als Vorstandsvorsitzender auf, und ich finde, dass wir das Auseinandergehen im Großen und Ganzen ordentlich hinbekommen haben.

In dem Moment, wo ich darüber nachdenke, was die Zeit ausrichten kann, spielt der VfB Stuttgart eine Supersaison, der Stürmer Serhou Guirassy schießt 16 Tore in elf Spielen, und manchmal fragen mich die Leute, ob ich mich da noch erkenne, in dem Erfolg. Gibt es noch Spuren meiner Zeit? Ob es vielleicht so ist wie bei Jürgen Klinsmann und dem DFB: Jemand stellt ein paar Weichen, und die Leute erkennen erst später, als er schon längst nicht mehr da ist, was er bewirkt hat?

Mir schmeichelt das. Aber wenn ich ehrlich bin: Ich habe mit dem aktuellen Aufschwung des VfB Stuttgart nicht mehr viel zu tun. Der Trainer Sebastian Hoeneß passt da hin, die haben einen Super-Torwart. Das Team wurde gut und klug verstärkt. Wir schreiben Winter 2023. Ich bin Geschichte in Stuttgart. Ich bin Vergangenheit.

Und ich merke inzwischen, dass ich damit umgehen kann. Dass ich sogar sagen kann: wie schön das ist, den VfB spielen zu sehen.

ÜBER DEN REGENBOGEN – DIE WELTMEISTERSCHAFT IN KATAR

Stellen wir uns vor, die Weltmeisterschaft in Katar wäre anders ausgegangen. Ilkay Gündogan hätte den Ball in der zweiten Halbzeit gegen Japan nicht an den Außenpfosten geschossen, sondern ins Tor. Die deutsche Nationalmannschaft hätte das überlegen geführte Spiel nicht noch hergegeben und wäre nicht schon in der Vorrunde rausgeflogen, sondern wäre irgendwann ins Fliegen geraten. Die Deutschen, wie schon gesagt: Wenn sie mal fliegen, fliegen sie weit. So war es beim sogenannten Sommermärchen, und so hätte es theoretisch auch in Katar sein können. Stellen wir uns also vor, die deutsche Nationalmannschaft wäre ins Halbfinale geflogen. Und stellen wir uns weiter vor, die Spieler hätten bei ihren Interviews darauf hingewiesen, dass das zwar eine exzellent organisierte Weltmeisterschaft ist in Katar, dafür Anerkennung und großes Kompliment. Dass man aber doch bitte den Umgang mit Minderheiten in diesem Katar nicht aus dem Blick verlieren soll, die schwulenfeindliche Gesetzgebung, all das. Wenn die Deutschen bei diesem Turnier eine prägende Mannschaft gewesen wären, hätten sie, ganz selbstverständlich, auch moralische Ansprüche formulieren können, sogar sollen. Wer kann denn deutlich werden, wenn nicht der Sieger?

Eine erfolgreiche deutsche Nationalmannschaft hätte sagen können: Hey, wir sind wieder unter den besten Fußballern der Welt. Und was sie dann über den Umgang mit Wanderarbeitern gesagt hätte, hätte nicht nach Gratismut geklungen, ganz im Gegenteil. Sie hätte es so anlegen können: Gerade aus unserer Position der Stärke heraus müssen wir doch diese Missstände ansprechen. Und so hätten sie es hinbekommen können, beiden Ansprüchen gerecht zu werden, den moralischen und den sportlichen. Die deutsche Nationalmannschaft hätte beweisen können, dass die sportliche Leistung eines Teams nicht unter den moralischen Ansprüchen leiden muss. So ähnlich wie die französischen Fußballer bei der Weltmeisterschaft 1998, die den altbekannten Schlachtruf »Allez les bleus« breiter auslegten. Die Blauen, das waren auf einmal auch die Immigranten und die Vorstadtkids, die mit den Wurzeln in Afrika und Arabien. Black-blanc-beur: so wie die Nationalmannschaft war, so sollte das ganze Land werden. Die französischen Fußballer standen damals, 1998, an der Spitze einer gesellschaftlichen Bewegung, und dass sie ernst genommen wurden und eine ganze Nation beeinflussten, vorübergehend jedenfalls, hing damit zusammen, dass sie erfolgreich waren. Im Fußball hängt vieles am Erfolg, vielleicht alles. Und die Idee black-blanc-beur war anerkannt, vorübergehend jedenfalls, weil die Mannschaft black-blanc-beur 1998 Weltmeister wurde.

Es hätte also womöglich ganz anders laufen können bei der Weltmeisterschaft in Katar. Aber die deutsche Nationalmannschaft hat das überlegen geführte Spiel gegen Japan doch noch verloren. Und wer in der Vorrunde rausfliegt, ist kein Gewinner. Dessen gute Absichten werden zu einem Gewicht, unter dem am Ende alles begraben wird.

Vor der Weltmeisterschaft wurden die Spieler zigmal aufgeklärt. Der Deutsche Fußball-Bund hat sich darum bemüht, alles zu erfüllen, was ein großer Teil der Fußballblase sich offenbar wünschte: dass die Spieler mündig sind, dass sie sich über die Zustände informieren und eine Haltung dazu einnehmen. Die Nationalmannschaft, das war der Wunsch vieler, sollte anders sein als zum Beispiel die bei der WM 1998, als ein französischer Gendarm in Lens von deutschen Hooligans fast totgeschlagen wurde und kein Spieler dazu etwas Angemessenes zu sagen hatte. Noch nicht mal für ihre Fassungslosigkeit fanden sie damals Worte.

Der DFB wollte, dass die deutschen Fußballer in Katar ein anderes Bild abgeben. Denn, inzwischen wird das manchmal vergessen: Es hatte ja schon eine Entwicklung gegeben. Als 2016 der AfD-Vize Alexander Gauland sagte, die Leute »wollen einen Boateng nicht als Nachbarn haben«, solidarisierten sich die Spieler mit ihrem Verteidiger. Und als kurz vor der Weltmeisterschaft das Thema Homophobie in Katar noch einmal hochkochte, sagte der Mittelfeldspieler Leon Goretzka: »Das ist ein Menschenbild aus einem anderen Jahrtausend.« Menschliche, aber auch politische Statements, die man vor zwanzig, dreißig Jahren von Mitgliedern der Nationalmannschaft nicht zu hören bekommen hätte.

Und dann, vor Ort in Katar, geht das Ding komplett schief. Wie konnte das passieren?

Vielleicht kann man solche Entwicklungen und Stimmungsumschwünge an sich selbst am besten beschreiben. Was ich gesehen habe, vor der Weltmeisterschaft: In den Bundesliga-Stadien gab es Proteste und Spruchbänder gegen Katar, die die Spieler auch wahrgenommen haben und sich auch deshalb in der Pflicht gesehen haben. Die Stimmung war: Wir müssen was machen, irgendwas. Die Fans von Hertha BSC und vom FC Bayern haben gemeinsam gegen die WM in Katar protestiert. »15.000 Tote für 5.760 Minuten Fußball! Schämt euch«, stand im Olympiastadion auf Bannern in den Blöcken. In der Dortmunder Süd hing das Transparent »Qatar abschalten!«. Was ich wahrgenommen habe, vor der Weltmeisterschaft: ein ausgesprochen kritisches Bewusstsein, jedenfalls in Deutschland.

In diese Stimmung hinein passte eine Dokumentation in der ARD, an der ich mitgearbeitet habe, »Katar – warum nur?«. Ich bin zu Recherchen für diesen Film in Katar gewesen, in Nepal haben wir eine Frau aus einem Dorf ohne Strom und fließend Wasser getroffen, deren Mann in Katar sechs Jahre als Wanderarbeiter gearbeitet hatte. Er war nur zweimal zu Hause gewesen, schließlich ist er von einem Haufen Zement verschüttet worden und darunter erstickt, mit 40 Jahren. Ein nepalesischer Arbeiter erzählte mir, dass er in Katar gesehen hat, wie Menschen in der Hitze zusammengebrochen sind. Sie wurden kurz in einen Raum gebracht, um sich eine Stunde lang abzukühlen, dann mussten sie wieder arbeiten.

Es gibt so viele Dinge, bei denen man denkt: Das darf nicht passieren. Aber es passiert doch. Und für mich hat die FIFA das zugelassen.

Ich habe diese Geschichten in der Dokumentation erzählt und mit meiner eigenen Begeisterung für den Fußball abgeglichen. »Was ist diesen Menschen widerfahren im Namen des Sports, der mir so viel bedeutet?«, frage ich an einer Stelle. Vielleicht klingt das pathetisch, aber wenn Pathos persönliche Betroffenheit ausdrücken kann, dann klang das alles richtig.

Die Dokumentation lief zu einer sehr guten Sendezeit eine Woche vor der Weltmeisterschaft, es gab noch weitere Beiträge zur WM, in einem Stück von der Autorin Julia Friedrichs und dem ZDF-Sportreporter Jochen Breyer erklärte Katars WM-Botschafter Khalid Salman, seiner Ansicht nach sei Schwulsein »geistiger Schaden«. Für mich war klar: Der Weltfußballverband FIFA schreibt sich hohe Werte auf die Fahnen, Vielfalt, Toleranz, Fairplay. Und vergibt die Weltmeisterschaft dann an ein Land, in dem diese Werte nichts zählen.

Ich habe auch privat viele Debatten geführt. Einige Freunde haben mich gefragt, wie ich einerseits ARD-Fußball-Experte sein kann und also Geld verdiene bei einer Weltmeisterschaft, gegen die ich doch andererseits solche Einwände habe. Aber was ist das eigentlich für ein schräges Verständnis von Kritik? Offenbar ist für viele nicht vorstellbar, dass jemand bei einer Weltmeisterschaft als Kommentator arbeitet und diese Weltmeisterschaft trotzdem kritikwürdig findet. Auf der anderen Seite ist auch das Verständnis von Kritik bei der FIFA bezeichnend. Sie reagiert empfindlich auf jedes Hinterfragen, mit der ständig wiederholten Begründung, es habe sich doch schon so viel geändert. Aber wenn sich etwas geändert hat – dann hat es sich doch gerade deshalb geändert: eben weil es Menschen und Organisationen gibt, die seit vielen Jahren nachgehakt haben. Mir muss wirklich keiner erzählen, dass die Wohnsituation der Arbeitsmigranten auch dann besser geworden wären, wenn es die kritische Berichterstattung nicht gegeben hätte. Der öffentliche Druck hat dazu geführt.

Über all das konnte man vor der Weltmeisterschaft reden. Für meine Doku gab es hier und da Kritik, überwiegend Lob, sie wurde viel gesehen und, das ist mittlerweile noch wichtiger, gut geklickt. Ich saß in Talkrunden, Jochen Breyer trat in der Talkshow von Markus Lanz auf. Dass das Turnier in Katar ein Skandal sei – darauf konnten sich *vor* der Weltmeisterschaft viele einigen. Was sollte richtig sein an einer Weltmeisterschaft, für die Zwangsarbeiter sich beim Bau der Stadien kaputt- und totarbeiten.

Aber das war *vor* der Weltmeisterschaft, und während der Weltmeisterschaft sah vieles anders aus.

Wir mit unserem kritischen Blick auf das Turnier – wir haben uns offenbar in einen Rausch hineingeredet und -diskutiert und die Bedürfnisse des Publikums aus dem Blick verloren. Denn als die Weltmeisterschaft dann anfing, drehte sich die Stimmung, so ist es oft, so war es auch diesmal. Es gibt Beispiele aus der Vergangenheit: Vor der Weltmeisterschaft 1978 in Argentinien hatte ein TV-Team um den berühmten ZDF-Mann Hanns Joachim Friedrichs eine Auftaktsendung gebracht und die Menschenrechtsverletzungen sehr deutlich thematisiert. Prompt wurde Friedrichs in der *Bild am Sonntag* – die auch heute noch für sich in Anspruch nimmt, so etwas wie Volkes Stimme zu sein – gefragt: »Betreiben Sie eigentlich politische Agitation oder Fußball-Berichterstattung?«

Denn Friedrichs hatte damals mit seinem Vorbericht gegen dasselbe ungeschriebene Gesetz verstoßen, gegen das auch wir Katar-Kritiker bei der WM 2022 verstoßen haben: Sobald – Achtung, Superfloskel! – der Ball rollt, wird ein nicht unbeträchtlicher Teil des Publikums darauf bestehen, sich vorbehaltlos auf den Fußball zu konzentrieren. Eine Fußballweltmeisterschaft ist offenbar immer noch Urlaub vom Alltag, sogar dann, wenn sie zur Weihnachtszeit in der Wüste ausgetragen wird. Und dieser nicht unbeträchtliche Teil des Publikums möchte bitte nicht belästigt werden mit Themen wie Arbeitsmigranten und Homosexuellen. Vor der Weltmeisterschaft mag es noch okay sein, diese Themen auf den Sendeplan zu nehmen. Aber sobald es losgeht, sind Störungen dieser Art nicht mehr erwünscht. Dann werden diejenigen für die schlechte Leistung verantwortlich gemacht, die die Zustände in Katar nicht aus dem Blick verlieren wollten. Sobald der Ball rollt, werden die Kritiker für ihre Kritik kritisiert.

Und es war doch ein ganz besonderer Ball, der da rollte in den Stadien, die für Bettellöhne von Wanderarbeitern zusammengebaut worden waren. »Al Rihla« hieß er, die Reise. Ausschließlich mit wasserbasierten Farben und Klebstoffen hergestellt, einer der umweltfreundlichsten WM-Spielbälle aller Zeiten. Sie hatten an alles gedacht in Katar, wirklich an alles. Vom Halbfinale an spielten sie dann mit einem anderen Ball, »Al Hilm«, der Traum.

»Der Traum« war bestimmt noch umweltfreundlicher als »Die Reise«.

Ich wurde nicht, wie Hanns Joachim Friedrichs damals, von der *Bild am Sonntag* zur Ordnung gerufen, dafür aber vom TV-Kritiker des *Münchner Merkur*: »Thomas Hitzlsperger wird Stellvertreter von Karl Lauterbach. Wenn Karl zweimal im Jahr versehentlich gute Laune hat, übernimmt Bedenken-Hitz das Warnen, Mahnen und Miesepetern.«

Weil die FIFA die Kapitänsbinde in Regenbogenfarben nicht zuließ und auch nicht die in ihrer Symbolkraft abgeschwächte One-Love-Binde, stellten sich die Deutschen vor dem Japan-Spiel zum Mannschaftsfoto auf, wollten irgendetwas machen und hielten sich dann die Hand vor den Mund. Ein kraftvolles Zeichen? Oder doch wieder nur Verlogenheit?

Es war auf jeden Fall ein kommunikatives Desaster. Die arabische Welt verstand das als unfreundlichen Akt. In Deutschland gab es Häme. Wie können die Nationalspieler denn ernsthaft behaupten, ihnen würde der Mund verboten, wo sie doch alle Abertausende Follower bei Instagram haben. »Mund zu statt Mund auf – das war zu wenig«, stand in der *Bild*. Anne Will twitterte: »Schwach.«

Und dann haben sie das Spiel gegen Japan, bei dessen Beginn sie sich den Mund zugehalten haben, eben auch noch verloren. Schlimmer hätte es nicht kommen können. Wenn eine Mannschaft, trotz ihres Engagements, gewinnt, wagen sich Kritiker nicht aus der Deckung, ihr Moment kommt im Augenblick der Niederlage. Dann quillt nicht zuletzt auch die Schwulenverachtung vieler Fans aus ihnen hervor.

Kurz vor der Weltmeisterschaft war Borussia Dortmund in Gladbach mit einem Diversity-Trikot angetreten, der Sponsorenaufdruck in Regenbogenfahnen. Als die Dortmunder verloren, war man sich bei Twitter schnell einig: »Das Schwuchtel-Trikot war schuld.« »Hauptsache der Regenbogen war auf dem Trikot – da kann man schon mal so ablosen.« So war es jetzt wieder. Schuld am WM-Aus war die Debatte um die Kapitänsbinde. Schuld am WM-Aus war die Tatsache, dass wenigstens ein paar Spieler der Nationalmannschaft nicht einfach so über drangsalierte Homosexuelle und ausgebeutete Arbeiter hinwegsehen wollten. Schuld am WM-Aus war der kritische Blick der Experten. Ein Twitter-Beitrag, stellvertretend für viele: »Dank an all die Regenbogen-Idioten, die uns ein Turnier gestohlen haben.« *Uns* meint hier die Mannschaft, die um einen Erfolg gebracht worden ist. Vor allem meint *uns* aber die Zuschauer, die um ihren Spaß gebracht worden sind.

Die Reaktionen auf die Szene mit dem zugehaltenen Mund zeigen auch, wie unerbittlich wir Deutschen mit uns ins Gericht gehen. Im Ausland wurde die Geste respektiert. *Daily Mirror*, England: »Eine mächtige Geste und ein klares Statement«. *Gazzetta dello Sport*, Italien: »Eine starke Geste«. *Blick*, Schweiz: »Ein starkes Zeichen«. *B. T.*, Dänemark: »Deutschland sendet mit dem offiziellen Mannschaftsfoto eine klare Botschaft«. Die französische Sportministerin Amélie Oudéa-Castéra sagte: »Gibt es noch eine Möglichkeit für unsere französische Mannschaft, ihr Engagement für Menschenrechte zum Ausdruck zu bringen? Die Antwort ist Ja.«

Aber die französische Nationalmannschaft hat dann keine Zeit gefunden, ihr Engagement für Menschenrechte zum Ausdruck zu bringen. Sie war damit beschäftigt, alles dafür zu tun, den Weltmeistertitel zu verteidigen. Vor dem Viertelfinale gegen England in Al-Chaur wurde der Nationaltrainer Didier Deschamps nach seiner Meinung zum Tod eines Bauarbeiters gefragt, der kurz vorher bei Reparaturen in einem Teamhotel in den Tod gestürzt war. Deschamps sagte zum Reporter: »Die Frage hat vielleicht für Sie eine Priorität, aber meine Priorität liegt auf dem Spiel. Das heißt nicht, dass wir abseits des Fußballs gefühllos sind. Aber man sollte nicht alles mischen.« Und: »Wir sind Fußballer. Fußballer sind nicht in einer Position, Probleme abseits des Fußballs zu lösen.«

Aus der Logik eines Sports heraus, in dem nur Siege zählen, hatte Deschamps konsequent argumentiert. Es ist immer dieselbe Geschichte: Am Ende zählt das Resultat, und Deschamps hat seine Franzosen durch dieses Viertelfinale gebracht, bis ins Endspiel gegen Argentinien. Er hat seine Spieler abgeschottet von Widersprüchen und Unerträglichkeiten in Katar, auch das war für die Franzosen der Schlüssel.

Ein anderes Beispiel war der niederländische Nationaltrainer Louis van Gaal, die Fans in Deutschland, vor allem in Bayern, kennen ihn aus seiner Zeit beim FC Bayern noch als Feierbiest. Aber ein holländisches Feierbiest kann auch knallhart sein, deswegen hat er noch einen zweiten schönen Spitznamen: Tulpengeneral. Vor dem

Turnier war van Gaal sehr klar gewesen. Es war eben nicht so, dass diese WM in Katar ausschließlich in Deutschland umstritten gewesen wäre, in Deutschland wird das gern behauptet, aber es ist gelogen. Ein holländischer Rasen-Produzent hatte erklärt, Katar nicht beliefern zu wollen, wegen der Ausbeutung der Arbeiter dort. Van Gaal also sagte: »Ich finde es lächerlich, dass man in einem Land spielen soll, um – wie die FIFA sagt – da den Fußball weiterzuentwickeln. Und das tut man dann, indem man in dem Land ein Riesenturnier veranstaltet? Das ist einfach Bullshit. Dafür tut man das nicht. Es geht ums Geld, um kommerzielle Belange. Nur darum geht es bei der FIFA.«

Das war vor dem Turnier. Während des Turniers aber erklärte derselbe van Gaal, mit derselben Klarheit, dass sie nicht über ähnliche Aktionen wie die Deutschen nachdenken: »Nein, wir haben alle politischen Themen gestoppt. Wir wollen auch nicht, dass unser Ziel, Weltmeister zu werden, durch Aktionen der FIFA oder einer anderen Organisation zunichtegemacht wird.«

Bei ihm kam noch ein Detail dazu. Van Gaal ist seit einiger Zeit krebskrank, das war bekannt und wenigstens in den Niederlanden ein großes Thema. Er inszenierte diese WM-Mission entsprechend. Er war als Trainer schon Diktator und Schleifer und Vaterfigur gewesen, Feierbiest und Tulpengeneral. Der Mann hat viele Namen. Jetzt war er wie ein Veteran, der sich noch ein letztes Mal aufmacht, um die Weltmeisterschaft zu gewinnen. Und die Öffentlichkeit folgte ihm. Van Gaal ist, wegen all seiner Erfolge, eine Respektsperson, seine natürliche Autorität wurde jetzt noch bestätigt und gefestigt durch die Tapferkeit, mit der er seiner Krankheit begegnete. Wie er scherzte und polterte, fast wie immer. Aber er ist schmaler geworden, sein Maßanzug zwei Nummern kleiner als früher.

Wir hätten in der deutschen Nationalmannschaft, das ist die nachträgliche Erkenntnis dieser Weltmeisterschaft, auch eine Respektsperson gebraucht. Einen Moderator, der der Öffentlichkeit erklärt: Ja, es ist gut und richtig, die Zustände in Katar zu kritisieren, es sollte sogar selbstverständlich für Bürger eines freien und wohlhabenden Landes sein, Menschenrechte für wichtig zu halten. Nichts ist gegen dieses Engagement zu sagen. Aber während des Turniers hätte dieser Moderator dann auch darauf hinweisen müssen, dass es für Fußballer nicht ehrenrührig ist, sich um ihren Sport zu kümmern, gerade bei einer Weltmeisterschaft. Aber es gab in Katar im Tross des DFB keinen Moderator, der zwischen den Ansprüchen der Spieler, den Wünschen der Fernseh-Fans und auch den Zielen der Katar-Kritiker hätte vermitteln können. Der dem Publikum hätte erklären können, wie alles zusammengehört. Der Fußballplatz und die Welt neben dem Fußballplatz. Politik und Sport. Engagement für andere und Konzentration auf die eigene Leistung.

Passt das zusammen?

Auch ich war davon überzeugt, dass es – wenn die Welt zuschaut und zuhört – eine gute Möglichkeit ist, sich über die Menschenrechtssituation in Katar zu äußern. Aber auch ich habe am Beispiel der WM in Katar gelernt: Spieler müssen davon überzeugt sein, dass es richtig ist, etwas zu sagen. Man kann ihnen das nicht verordnen. Sie müssen bereit sein, den komplizierten Grenzbereich zwi-

schen Sport und Politik zu überblicken. Und ihnen muss
es das wert sei, den Ärger auf sich zu nehmen, den diese
Äußerungen vielleicht mit sich bringen. Auch ich habe
am Beispiel der WM in Katar gelernt, dass es, gerade in
einer Mannschaft, eine gewisse Einvernehmlichkeit geben muss, wenn es darum geht, Zeichen zu setzen. Elf
Muhammad Alis wird man nie haben, aber die Richtung
muss klar sein. Wollen wir etwas tun, wollen wir es zusammen tun?

Wenn es diese Einvernehmlichkeit nicht gibt, weil jeder anders über das denkt, was ein Fußballer ausrichten
kann – dann kann man das Ganze vergessen. Dann gerät
eine Mannschaft, gerade so eine fragile wie unsere, ins
Rutschen.

Wozu das führt, hat man in Katar gesehen.

Für mich als TV-Experten war es wie ein Spagat, das
Turnier zu begleiten: einerseits die politischen Begleit-
umstände betonen, andererseits die fußballerische Qualität nicht kleinreden. Wobei mir die Lobgesänge einiger
Kritiker auch merkwürdig vorkamen. Das schöne Spiel?
Kam das denn wirklich zur Geltung in der Wüste? Wenn
ich jetzt sage, Marokko und Argentinien sind die beiden Teams, die mir in Erinnerung geblieben sind – dann
sind sie mir deshalb in Erinnerung geblieben, weil deren
Kennzeichen harte Arbeit war, Leidenschaft, Kampf. Aber
kein schönes Spiel.

Das Finale Argentinien gegen Frankreich war von
der Dramaturgie her natürlich ein Ereignis. Mbappé
gegen Messi, Messi gegen Mbappé. Und am Ende run-
dete sich die Karriere eines Mannes, der bis dahin un-

gekrönt gewesen war – wie schön, wenn alles aufgeht. Aber dann haben die Organisatoren bei der Siegerehrung dem endlich am Ziel angekommenen Weltmeister Messi diese schwarze Robe umgelegt, von der wir jetzt wissen, dass sie Bisht heißt und in der arabischen Welt ein Zeichen der Ehrerbietung gegenüber Gästen ist. Im Moment der Siegerehrung kam es mir trotzdem irritierend vor. Ging es den Katarern wirklich um den Ausdruck der Verehrung für Messi? Oder war das Ganze nicht in Wahrheit ein Eingriff in ein Zeremoniell, der ein anderes Ziel hatte: Auf allen Fotos der Pokalübergabe war Messi zu sehen, der Spezial-Messi 2022, der Messi mit dem schwarzen Tuch. Und das Tuch wirkt wie ein Wasserzeichen, als ewiger Hinweis darauf, wer der wahre Zeremonienmeister gewesen ist.

Wir haben das Finale in der ARD übertragen, und weil es so lange lief, war danach nicht mehr viel Zeit zum Reden. Ich wollte als Experte im Studio aber auch am Ende nicht nur über Fußball sprechen. Ich wollte noch einmal darauf hinweisen, dass es ja nicht nur um Fußball gegangen war bei dieser Weltmeisterschaft, auch wenn die Strahlkraft des Fußballs am Ende natürlich eine Energie entwickelt hatte, die vieles andere nicht mehr sichtbar werden ließ. Ich habe dann gesagt: »Ich bin total froh, dass dieser FIFA-Zirkus jetzt vorbei ist.« Denn wenn die Spieler es nicht sagen wollen, weil sie ja davon überzeugt sein müssten, etwas sagen zu wollen – wir da draußen müssen es erst recht sagen.

Nach der Weltmeisterschaft hat Uli Hoeneß, noch immer einer der mächtigsten Männer im deutschen Fußball, die Verantwortlichen für die deutsche Pleite bei der Weltmeisterschaft gesucht, identifiziert und benannt. Er meinte mich. Mich und Jochen Breyer vom ZDF. Im Fußballtalk »Doppelpass« beim Sender »Sport 1« erklärte er: »Jochen Breyer und seine Leute, oder Thomas Hitzlsperger, diese Miesepeter, die immer mit ihrer schlechten Stimmung die ganze Zeit lang diskutiert haben.« Später legte er bei einem Messebesuch nach: »Dass in Katar viele Probleme zu lösen sind, ist gar keine Frage. Aber so schlimm, wie die deutschen Medien die WM im Vorfeld gemacht haben: Das hat die Öffentlichkeit um ein wunderbares Erlebnis gebracht.«

Nach der Weltmeisterschaft wurde dann beim DFB schnell beschlossen, dass ab sofort wieder mit der Kapitänsbinde in Schwarz-Rot-Gold angetreten wird, wie damals, als noch »Spielführer« draufgedruckt war. Das wirkte wie eine Reise zurück in die Zukunft. Auch wenn der deutsche Fußball im Moment nicht mehr aussieht wie bei den WM-Titeln 1974, 1990 und 2014 – die Kapitänsbinde sieht jetzt schon mal wieder so aus.

Stellen wir uns vor, bei dieser Weltmeisterschaft hätten die Katarer tatsächlich mit Milliarden und Abermilliarden ein Turnier in den Wüstenboden gestemmt, das zwar erst ausgiebig kritisiert, am Ende aber von großen Teilen der Fußball-Blase ausgiebiger beklatscht wurde. Stellen wir uns vor, eine Weltmeisterschaft wäre für viele schon dann eine gelungene Weltmeisterschaft, wenn sie klasse Fußballbilder produziert. Schwitzende Spieler auf handfrisiertem Grün in perfekt ausgeleuchteten Stadien. Stellen wir uns vor, die Weltmeisterschaft in Katar wäre ein

Muster für andere Staaten, deren autokratische Anführer sich jetzt sagen können: Wenn sich ein Image durch Fußball so leicht und gegen Geld veredeln lässt – warum veredeln wir unser Image dann nicht auch durch Fußball? Stellen wir uns vor, dass sich nach der Weltmeisterschaft in Katar genau diejenigen im Recht fühlen, die immer schon behauptet haben: Fußball hat doch mit Politik nichts zu tun.

Aber wir müssen es uns gar nicht vorstellen. Genauso ist es gekommen.

DEN SAUDIS GEHÖREN UND STOLZ DARAUF SEIN – DIE ARABISIERUNG DES FUSSBALLS

Wenn sich ein Fußballspieler an eine Region erinnert, dann erinnert er sich oft erst mal an ein bestimmtes Spiel in dieser Region, dieser Ecke der Welt. Bei Musikern wird es ähnlich sein. Hamburg ist für sie der Cotton-Klub, München der Gasteig, Berlin die Waldbühne. Für mich ist Newcastle zuallererst der St. James' Park, so heißt das Stadion, sie nennen es kurz SJP. Im April 2005 spielte ich mit Aston Villa in diesem Stadion bei Newcastle, wir führten 3:0. Knapp eine Viertelstunde noch auf der Uhr.

In England sprechen sie immer noch von dieser Begegnung, es ist offenbar ein Moment der Zeitgeschichte, an dem ich auf dem Platz Anteil haben durfte. Was war passiert? Kurz vor Schluss brach die *minute of madness* an, jeder Fan weiß, was damit gemeint ist. Die Spieler aus Newcastle werden wegen ihrer schwarz-weißen Kluft Magpies genannt, Elstern, und auf einmal sehe ich, aus dem Augenwinkel, wie eine Elster auf die andere einhackt. Es war ein absolut untypischer Bewegungsablauf für ein Fußballspiel. Dass Elstern sich in die Quere kommen, mag unter Vögeln auf Dächern und in Vorgärten an der Tagesordnung sein. Aber unter Menschen auf dem Fußballplatz?

Die Teamkollegen Lee Bowyer, Nummer 29, und Kieron Dyer, Nummer 8, prügelten tatsächlich aufeinander ein, zerfetzten sich gegenseitig ihre Trikots. Die hatten sich während des Spiels schon beschimpft, warum gibst du mir den Ball nicht, solche Sachen, und als die Schlägerei dann anfing, gingen ein paar andere Spieler aus Newcastle dazwischen und auch unser Angreifer Gareth Barry. Der hatte kurz davor unser 2:0 und 3:0 geschossen und den Frust bei denen ans Limit getrieben. Jetzt sah er zu, dass die Sache nicht komplett aus dem Ruder läuft.

Bowyer und Dyer haben beide Rot gesehen, denn auch für eine Prügelei mit einem Mitspieler kann man vom Platz fliegen. Später ist der Kampf in den Medien haarklein in seine unterschiedlichen Phasen zerteilt worden. Ich lernte, dass Bowyer zu Dyer rübergerufen hat: Warum, verdammt noch mal, gibst du mir nicht den Ball? Und daraufhin Dyer – man muss das im Original zitieren, sonst wirkt es nicht: »The reason I don't pass to you is because you are shit, basically.« So stand es später jedenfalls by *Planet Football*. Ich war, wie gesagt, nicht weit entfernt gewesen, könnte allerdings trotzdem nicht bezeugen, dass genau diese Worte gefallen sind. Aber wenn es ausgedacht ist, ist es wenigstens gut ausgedacht.

Bowyer und Dyer – klingt nach einem hervorragenden Podcast-Duo, *Bowyer & Dyer – unter echten Männern*. Die beiden sind in Newcastle aber auch ohne Podcast Kultfiguren geworden. Dass ausgerechnet sie es waren, die aufeinander losgingen, passte zu ihren Biografien und zum Charme Newcastles, rau und kantig. Bowyer gehört zu den Spielern mit den meisten Gelben Karten in der Premier League, 99 genau. Einmal war er bei einer Massenschlägerei in einem Nachtklub dabei. Dyer setzte seinen roten Ferrari F360 Modena, 120.000 Pfund teuer, gegen einen Brückenpfeiler, und zwar im Zentrum von Newcastle, wo das Nachtleben tobte. Das Nachtleben ist überall wichtig in England, in Newcastle noch mal besonders. Dyer stand mit seinem gecrashten Ferrari zwischen gesplittertem Glas und Betonbrocken. Ich war nicht dabei, aber ich gehe davon aus, dass die Leute ihn gefeiert haben.

An diese Geschichte erinnere ich mich, wenn ich über Geld im Fußball nachdenke. In England haben sie Fußball schon viel eher als Business verstanden als in Deutschland, das ist wichtig, um den Premier-League-Fußball zu verstehen. Als sich der damalige Bayern-Star Franck Ribery vor ein paar Jahren in Dubai ein vergoldetes Ribeye-Steak servieren ließ, war er in Deutschland eine Zeit lang unten durch. In England ist die Bewunderung für Stars immer noch grenzenlos, sogar dann, wenn sie mit ihrem Luxusauto mitten in der Stadt gegen einen Pfeiler brettern. Denn auch mit ihrem protzigen Lebensstil bringen sie, wie mit ihrem Talent auf dem Fußballplatz, Abwechslung und Schwung in einen Alltag, der verdammt trist sein kann. Besonders in Newcastle, voller Name Newcastle upon Tyne, ganz oben im Nordosten, bekannt für Schiffbau und den Export von Kohle. Sie haben in England eine Redewendung: carry coals to Newcastle. Also: etwas total Sinnloses tun.

Dann: Strukturwandel, Werftensterben, Zechenschlie-
ßungen. Newcastle ist ein bisschen wie Bremen, ein bisschen wie Essen. Abgehängt im Zeitalter des Thatcheris-
mus, den Namen der früheren Premierministerin sagt
man besser noch immer nicht laut in Newcastle. Was leise
gesprochen wird, versteht man sowieso nicht, Newcastle
ist die lauteste Stadt Englands. Diesen Wettbewerb hat
Newcastle mal gewonnen, »Britain's noisiest city«. Während der Hauptverkehrszeit erreicht das Dröhnen, Krei-
schen, Hupen 80,4 Dezibel. Wer eine Vorstellung vom
originalen Newcastle-Noise bekommen will, der höre
Lieder der Band Venom, zu deutsch Tiergift. Speed-Me-
tal vom Allerfeinsten, natürlich ist die Band in Newcastle
gegründet worden.

Newcastle United, genannt The Magpies, war viermal
Meister in England. 1905, 1907, 1909 und 1927. Sie warten noch mal dreißig Jahre länger auf den Titel als in
Deutschland die Schalker – und die warten auch schon
sehr lang. Das Herbeisehnen der Meisterschaft ist für
Newcastle ein Teil der Identität geworden. Wenn sie irgendwann die Meisterschaft holen, werden sie nicht einfach mal wieder was gewonnen haben, sie werden *erlöst*
sein. Der Fußball – und die Fußball-Berichterstattung –
kann nicht genug bekommen von diesen Begriffen und
Kategorien, die größer sind als der Fußball selbst.

Newcastle United war mal erfolgreich und bedeutend,
so erfolgreich wie die Stadt selbst, die sich inzwischen
etwas berappelt hat. Newcastle United will sich auch be-
rappeln. Kieron Dyer, einer der legendären Schläger aus
dem Spiel damals, an das ich mich so gut erinnere, hat

es in einer Geschichte in der *Daily Mail* auf den Punkt gebracht. Er erzählte von sich, und damit auch von Newcastle. Er sagte: »Es gibt kein besseres Gefühl, als zu sehen, wie Menschen, die normalerweise im hinteren Teil des Flugzeugs sitzen, endlich die Plätze in der Business Class besetzen.«

Das alles muss man wissen, wenn man verstehen will, warum die Fans von Newcastle so reagiert haben, wie sie reagiert haben, als der Klub 2021 von fremden Mächten aufgekauft wurde. Das Konsortium, das den Verein übernommen hat, besteht zu 80 Prozent aus dem Staatsfonds Saudi-Arabiens, PIF. Dessen Vorsitzender ist der saudische Kronprinz Mohammed bin Salman. 400 Milliarden Euro Kaufkraft soll der Fonds haben, knapp 360 Millionen davon investierten sie in Newcastle United. Eine Kleinigkeit, jedenfalls für Saudis.

Und die Fans? Eigentlich hätten sie schon vom modifizierten Trikot angeekelt sein müssen, zu groß war der Unterschied zu früher. Newcastle hat auf den Trikots lange für das früher in der Stadt gebraute Bier »Newcastle Brown Ale« geworben. Sie haben sich den Traum erfüllt, den die Anhänger von Werder Bremen hatten und immer noch haben: dass der Fußballklub ihrer Stadt mit dem Logo des Bieres ihrer Stadt (in Bremen ist das Beck's) auf dem Trikot auflaufen möge. Aber Beck's ist inzwischen von Belgiern aufgekauft worden.

Newcastle also, früher mit dem Heimatbier auf der Brust unterwegs, spielt nach der Saudi-Übernahme manchmal in einem grün-weißen Ausweichtrikot, so ähnlich sieht auch das Nationaltrikot von Saudi-Arabien aus. Sogar die Menschenrechtsorganisation Amnesty International meldete sich zu Wort: »Spieler und Fans von Newcastle United, die das neue dritte Trikot des Vereins tragen, beteiligen sich am Sportswashing und machen PR für den saudischen Herrscher Mohammed bin Salman und seine Regierung.«

Und die Fans? Hätten sie nicht längst gegen die Arabisierung ihres geliebten Traditionsvereins protestieren müssen? Gegen das Geldsackgehabe? Gegen die neuen Auswärtstrikots? Seit wann sind Elstern grün?

Einige Fans waren tatsächlich fassungslos. Aber bei vielen ist das frische Geld ein Weg, endlich von der Nebenbühne wegzukommen, zurück auf die Hauptbühne. Hier findet Gesellschaftspolitik mal wieder mit Fußballerischem zusammen, denn die Saudis zahlen sozusagen nachträglich Schmerzensgeld für eine Region, die die Werftenkrise und den Strukturwandel hinter sich hat. Das Image war ramponiert, das Selbstbewusstsein erledigt. Jetzt wollen die Abgehängten aus Newcastle wieder nach vorn, dafür brauchen sie das entsprechende Budget.

Sehr geschickt von Saudi-Arabien, genau hier zu investieren. Sie kaufen einen Klub, aber es fühlt sich für den großen Teil der Anhänger nicht so an, als würde ihnen etwas weggenommen. Im Gegenteil: Die neuen Besitzer geben ihnen, den Fans, etwas zurück, Stolz, Zuversicht. (Ja: Der Fußball kann nicht genug bekommen von diesen Begriffen und Kategorien.)

Das Versprechen heißt: Wir machen euch wieder groß. Hat nicht viel mit Trump zu tun. Aber natürlich hatte der

Populist Trump früh erkannt, dass man die Leute am besten erreicht, wenn man ihnen verspricht, dass alles wieder so schön wird, wie es früher nie gewesen ist.

In Deutschland hat es viele verstört, dass ein Traditionsklub sich restlos verkauft an ein Regime, das Menschen wegen ein paar Tweets ins Gefängnis werfen lässt, Frauenrechte nicht achtet, einmal 81 Personen an einem Tag hinrichten ließ und mehr als verdächtig ist, den Regimekritiker Jamal Khashoggi umgebracht zu haben. Khashoggis Körper soll im saudi-arabischen Konsulat in Istanbul von Geheimdienstleuten mit Knochensägen zerlegt worden sein.

In Newcastle war Khashoggi weit weg, als die Übernahme verkündet wurde. Da feierten die Fans, sie trugen das alte »Newcastle Brown Ale«-Trikot und dazu die Kufiya, das arabische Kopftuch für den Mann. Einige hatten dafür Mutters Geschirrtuch zweckentfremdet. In diesem absurden Aufzug sprangen sie im Herbst 2021 vorm Stadion herum und kickten leere Bierdosen vor sich her. Sie waren damals noch in Abstiegsgefahr und grölten, zur Melodie von Yellow Submarine: »We're going down with a billion in the buck.« Wir gehen unter mit einer Milliarde im Sack. In der Welt dieser Fans lässt sich alles kombinieren, nichts schließt sich aus. Sie erinnerten mit dem Trikot an ihre Geschichte, verneigten sich aber zugleich, durch das Kopftuch, vor den neuen Besitzern. Ein neuer Schlachtruf war zu hören: »Saudi owned and proud.« In Besitz von Saudi-Arabien und stolz darauf. Eine spezielle Charakterisierung der Selbstaufgabe, nicht ganz ernst gemeint. In England ist vieles nicht ganz ernst gemeint. Die neuen Besitzer werden trotzdem hochzufrieden gewesen sein mit den Bildern von den feiernden Fans.

Die Engländer sind anders als wir, was diese Deals angeht. Das Geld übernimmt den Fußball? In Deutschland ist das für viele ein Schreckensszenario, in England part of the game. Die Finanzmetropole London ist prägend, die Macht des Geldes wird weniger hinterfragt. Die Ticketpreise in der Premier League sind so hoch, viele können nicht den Stadionbesuch nicht mehr leisten. Aber sie bleiben ihren Klubs treu. Gucken sie die Spiele halt zu Hause. Der Bezahlsender Sky hat es in Deutschland nicht leicht, in England abonnieren die Leute den Kanal viel bereitwilliger. Schon als ich noch dort spielte, lief überall Sky Sport, in jeder Kabine. Gefühlt hat jeder Sky zu Hause. Die Leute konsumieren kritikloser als bei uns. Es gibt auch die Wettkultur, diesen verspielten Umgang mit den großen Themen des Lebens, reich werden oder arm bleiben. Wenn die berühmten Pferderennen sind, Royal Ascot und Grand National, wird auch bei den Fußballklubs gewettet. Du merkst, auch wenn du neu dabei bist: das gehört dazu. Coole Tradition. Vor den Rennen stehen die Pferde in der Zeitung, das sind immer lustige Namen. Und dann kauft jeder Spieler ein Los mit einem Pferdenamen, die Lose werden in der Kabine gezogen, und einer gewinnt.

Die Geschichte des FC Liverpool ist ein gutes Beispiel für die Haltung zum Geld im englischen Spitzenfußball. Da kommen die amerikanischen Investoren, die Fenway Sports Group, die erkennen die Romantik um diesen Klub, und genau diese Romantik wollen sie kapitalisieren. Sie kaufen also etwas Bestehendes und stricken eine Geschichte drumherum, es funktioniert wie eine Netflix-Serie. Wie heißt der aktuelle Claim der Premier League? »The greatest show on earth.« In London waren zu Saisonbeginn im Sommer 2023 sämtliche Werbeflächen damit tapeziert. Erling Haaland ist auf den Plakaten nicht mehr nur ein Fußballer, er ist ein Zauberkünstler in dieser großen Show, »the amazing Haalando«.

Die Geschichte, die um Liverpool herum seit Jahren hervorragend läuft, ist diese: An der Anfield Road, gleich hinter den runtergerissenen Häuschen und stinkigen Fish-and-Chips-Buden, spielt der gute alte Arbeiterverein FC Liverpool, angeführt von Jürgen Klopp, und der gute alte Arbeiterverein FC Liverpool nimmt es auf mit den Geldsäcken von Manchester City, angeführt von Pep Guardiola. Du hast also eine Rivalität in dieser Geschichte, du hast den Soundtrack (»You'll never walk alone«), du hast eine Historie, hast Glück, hast Tote. Die Heysel-Katastrophe, die Hillsborough-Katastrophe, das ewig lange Warten auf den Premier-League-Titel. In Liverpool ist alles groß, die Geschichte, die Romantik, die Erwartung, sie schleppen dieses enorme Gewicht. Und dann kommt Jürgen Klopp, er ist der Held in dieser Heldengeschichte, the amazing Kloppo führt die Mannschaft zu allen Titeln und nimmt den Leuten das Gewicht der Erwartung von den Schultern. Er erlöst sie. Jürgen Klopp, der schon zu Dortmunder Zeiten, da war er längst ein millionenschwerer Supertrainer mit Häuschen auf Sylt, noch immer mit seiner Kappe rumgelau-

fen ist, auf der Pöhler stand, und Pöhler heißt: Straßen-
kicker.

Es gibt in Liverpool immer noch viel Tradition, die
runtergerissenen Häuschen und die stinkigen Fish-and
Chips-Buden in der Nähe des Stadions. Wobei: inzwischen sind es vor allem Take-away-Chinesen und Take-
away-Inder. Aber die Working-class-Kulisse ist stabil,
und wenn sie in Liverpool wieder mal einen Titel feiern,
feiern auf der Straße gerade solche Fans, die keinen Job
haben und sich schlecht ernähren und ungesund aussehen. Die waren früher, vor Jahrzehnten, noch im Stadion,
man sieht manchmal die alten Bilder, wenn ein Fotograf
mit dem Objektiv direkt ins Publikum gehalten hat. So
viele Begeisterungsrufe aus zahnlosen Mündern. So viel
echte Liebe.

Die Working-class-Kulisse ist zwar stabil, dahinter
wirkt und reguliert aber das knallharte Business. Die ar-
men Liverpudlians müssen draußen bleiben, stattdessen
kommt reiche Laufkundschaft aus dem Ausland, die auch
mal die unvergleichliche Stimmung an der Anfield Road
atmen will, wie das in den Broschüren der Tourismus-
unternehmen immer heißt. »Gestalten Sie Ihre eigene
Fußballreise inklusive Hotel und Spieltickets.« Die Touristen verdrängen die Einheimischen, da ist die Anfield
Road dann fast wie Venedig. Lovely? Luwlie, sagen sie in
Liverpool. Die Touristen bringen das Geld, sie lassen es
sich was kosten, einmal zu hören, wie die Kult-Anhänger
auf der Kult-Tribüne »The Kop« die Kult-Hymne »You'll
never walk alone« schmettern. Oder wie sie alle gemeinsam schweigen, wenn der Kult-Stadionsprecher George

Sephton, »The Voice of Anfield«, ankündigt: »The minute's silence will start and end on the referee's whistle.«

Dann schweigt das ganze Stadion. In Deutschland blökt immer wer dazwischen, aber in Liverpool sind die ausdauerndsten Sänger auch die ausdauerndsten Schweiger. Sie können es laut und leise. Irgendwann wird auch das in einer Reiseempfehlung stehen: Hören Sie die unvergleichliche Stille an der Anfield Road. In der größten Show on earth kann sogar die minute's silence zu Geld gemacht werden, einerseits. Und, andererseits: Die Leute schweigen im Stadion ja wirklich, wenn sie auf das Schwarz-Weiß-Bild auf dem Videowürfel unterm Stadiondach schauen und sich an einen Fußballspieler erinnern, der mit einem Pass oder einem Tor oder einer Grätsche zu einem Teil ihres eigenen Lebens geworden ist.

Der FC Liverpool ist ein Millionenunternehmen, die Spieler kosten Millionen, kassieren Millionen, werden für Millionen weiterverkauft. Aber weil die Erzählung drumherum stimmt, ist der Klub gefühlt immer auch noch Arbeiterverein geblieben. Die Fans wollen erfolgreich und stolz sein, und weil das nur mit Geld zu bewerkstelligen ist, lassen sich die Fans alles verkaufen, auch die Erinnerungen an die Schlachten der Vergangenheit, wohnzimmergerecht aufbereitet. Im Fanshop beim Stadion gibt es alte hölzerne Stadionsitze, mit Echtheitszertifikat, für 300 Pfund.

Das Versprechen der arabischen Investoren in Newcastle: Wir machen euch wieder groß. Das Versprechen der amerikanischen Investoren in Liverpool: Wir machen euch wieder groß. Diese Geldgeber gehen voll kal-

kuliert an Standorte, die geschaffen sind für diese Erzäh-
lungen, und nicht nur in England. Der VfB Leipzig war
1903, 1906 und 1913 deutscher Meister, Lok Leipzig war
1987 im Finale des Europacups der Pokalsieger, später
haben dann die Fans von Chemie Leipzig und Lok Leipzig nur noch die unteren Ligen in Panik versetzt. »Wir
sind Lokisten, Mörder und Faschisten.« Solche Slogans
gehörten zur Fußballtradition in der Fußballstadt Leipzig. Oder gehörten sie sogar zur Fußballkultur? Aber immerhin hatten sie irgendwann wieder ein schönes neues
Stadion, das ihnen für die Weltmeisterschaft 2006 da
hingebaut worden war, weil der Osten auch teilhaben
sollte am Sommermärchen.

Die Leipziger wollten hochklassigen Fußball sehen in
diesem hochklassigen Stadion, sie hatten genug von Prü-
geleien und Polizeihubschraubern bei Amateurspielen.
Und dann ist Red Bull da reingegangen, der Brausekon-
zern aus Österreich, sein Versprechen an die Leipziger
Fußballfans: Wir machen euch wieder groß. Wir machen
den Leipziger Fußball wieder groß.

Viel Kritik von draußen. Das ist doch nur ein Konst-
rukt, das Spiel wird doch nur von den Brausemillionen
aus Österreich in Betrieb gehalten, das ist gar kein Verein. Alles berechtigt. Und auch, wenn das Kürzel RB im
Vereinsnamen auf einmal für Rasen-Ball stehen sollte,
wusste jeder, dass es für Red Bull steht.

Aber die Leipziger Bürger sind zu den Spielen gegangen,
da war Stimmung ohne Ausschreitungen, die Mannschaft
ist aufgestiegen und immer weiter aufgestiegen, und irgendwann haben auch draußen immer mehr Experten

gesagt: Ich finde Leipzig eigentlich super. Auch solche, die früher gesagt hatten: daran ist alles falsch. Die sagen irgendwann: Ich schau denen gern zu. Die sind viel besser als Traditionsklubs. Die machen nicht so ein Theater, die spielen einfach gut Fußball. So läuft es meistens. Als Investor musst du bereit sein, Kritik zu ertragen, möglicherweise ist die Kritik sehr heftig, wahrscheinlich dauert sie lange an – aber irgendwann dreht sich's. Irgendwann werden die Leute müde, es zu kritisieren. Wenn der Erfolg da ist, werden viele irgendwann sagen: Läuft doch in Newcastle, in Leipzig. Auch bei der Weltmeisterschaft in Katar: Ewiges Debattieren. Und am Ende: war doch alles viel besser als gedacht in Doha.

Das versteht man unter Sportswashing. Der, der das Geld gibt, zieht die Strahlkraft des Sports auf sich und pimpt sein eigenes Image und wäscht es sauber. Und solange Fußball etwas ist, was die Leute wollen, wird Fußball immer ein gutes Asset sein für Leute oder Investoren oder Regimes, die Geld haben.

All diese Entwicklungen, das Engagement in Newcastle, die Weltmeisterschaft in Katar, die saudische Profi-Golf-Liga waren Probeläufe für den Move im Jahr 2023, den Griff nach dem Profifußball. Cristiano Ronaldo wechselte nach Riad zu Al-Nassr, Riyad Mahrez zu Al-Ahli, Karim Benzema zu Ittihad FC, N'Golo Kanté zu All-Ittihad, Neymar zu Al-Hilal. Er verdient 100 Millionen im Jahr und wurde zur Vorstellung in der Privatmaschine von Prinz Alwaleed bin Talal Alsaud eingeflogen. Sein Sitzplatz im Flieger war mit golden eingefärbtem Leder überzogen: der sogenannte Königsthron.

Der Profifußball ist dekadent. Die Saudis machen die Dekadenz nur noch sichtbarer. Und, das ist der Unterschied zum Engagement in Newcastle: Sie kommen jetzt nicht mehr zu irgendwelchen Habenichtsen. Sie sagen denen nicht mehr: Wir machen euch wieder groß. Sie zahlen jetzt auf ihr eigenes Konto, holen Topstars in die eigene Liga, das Geld ist da, unbegrenzt. Sie haben ihre Bevölkerung erst an McDonald's und Cola gewöhnt, jetzt sind da viele übergewichtig, also wird im nächsten Schritt die Jugend durch Topfußball vor der eigenen Haustür dazu gebracht, sich fit zu halten. 70 Prozent der Menschen dort sind unter 35. Nachdem Anthony Joshua, er stammt aus Watford und war mal so etwas wie der beste Schwergewichts-Boxer der Welt, zweimal in Saudi-Arabien angetreten ist, hat sich die Zahl der Box-Gyms im Land angeblich von sieben auf über 30 erhöht.

Worum es tatsächlich geht: Das Königreich Saudi-Arabien, in dem man seine Meinung nicht frei sagen kann, in dem Menschenrechtler schikaniert werden, in dem es Todesstrafe, Zwangsräumungen und unfaire Gerichtsverfahren gibt, Folter und Misshandlungen – dieses Land verkleidet sich als neues Zentrum des Showbetriebs Fußball. »The greatest show on earth« findet jetzt in der Wüste statt. Jeder muss für sich überlegen, ob er diese Bühne bespielen will. Sehr viele Profis werden wollen, wenn sie gefragt werden. Es ist ein globaler Markt, und den Spielern ist, wie gesagt, eingebläut worden, dass sie nur eine Karriere von 10, 15 Jahren haben, in der Zeit müssen sie so viel Geld wie möglich verdienen.

Es ist ihre Entscheidung, und ich kritisiere sie nicht.

Was soll ich an Cristiano Ronaldo kritisieren? Der ist ein Hochleistungsathlet, unpolitisch, ein begnadeter Wettbewerber, der alles aus sich herausholt. Also aus seinem Körper. Für den bietet Saudi-Arabien die Möglichkeit, ein allerletztes Mal zu zeigen: Ich krieg das meiste Geld. Seht her. Auch diesen Wettbewerb habe ich gewonnen.

Aber dass Jordan Henderson nach Saudi-Arabien gewechselt ist, hat mich getroffen. Ich konnte es erst nicht glauben. Ich hätte nie gedacht, dass auch er diesen Schritt gehen würde.

Noch ein unvergessliches Premier-League-Spiel, Frühjahr 2011, am Ende meiner kurzen Zeit bei West Ham spielten wir im Boleyn Ground gegen Sunderland. Wir waren dem Abstieg längst geweiht, das Denkwürdige des Spiels war deshalb nicht das Ergebnis, 0:3, sondern die erste Begegnung mit Sunderlands Zehner, Jordan Henderson, ein junger Kerl von zwanzig Jahren damals. Henderson war ein Ereignis, ich dachte: Was ist denn mit dem los? Der hat geflucht, der hat seine Mitspieler beschimpft, so was hatte ich noch nicht erlebt, jedenfalls nicht bei einem so jungen Fußballer. Diese Energie! So einer kann sich in diese oder jene Richtung entwickeln, und ich hatte ihn seit diesem Tag immer ein bisschen im Blick. Jordan Henderson, was wird aus dir? Und dann ist total viel aus dem geworden. Nach Liverpool gewechselt, brutal gut entwickelt, superdiszipliniert, von seinem Temperament her ein Kabinenspieler, wie wir sagen. Er hatte sein Gefluche und die ungesteuerte Energie von damals, als ich ihn noch auf dem Platz erlebte, kanalisiert und zu einer Stärke gemacht. So war er zu jemandem geworden, der den Mut nie verliert. Sie nannten ihn Hendo, so hieß auch seine Biografie. Als die Reise in Liverpool dann richtig losging mit Jürgen Klopp, war er ein wichtiger Mann, Führungsspieler, Kapitän in der besten Phase seines Vereins, der Teamplayer schlechthin. Champions League, Meisterschaft, 400 Spiele für Liverpool, Muster-Profi, Traum-Karriere. Um es mit Pep Guardiola zu sagen: Top, top, top!

Und dieser Superspieler hat, neben seiner Karriere, das Thema Diversity für sich entdeckt. Er war dabei, als im englischen Fußball die Rainbow-Laces-Kampagne gestartet wurde. Fußballer trugen regenbogenfarbene Schnürsenkel als Zeichen der Solidarität mit der LGBTQ+-Community. Henderson trug zusätzlich, als Teamkapitän, die Regenbogenbinde, das war kurz vor Weihnachten 2020, beim Spiel Liverpool gegen die Wolverhampton Wanderers. Danach kam es zu einem berühmt gewordenen Twitter-Dialog mit dem schwulen Liverpool-Fan Keith Spooner. Dass Spieler und Fans im Netz direkt miteinander reden, ist selten, in der Regel nimmt der Spieler das Gesprächsangebot nicht an – er könnte sich sonst bald nicht mehr retten vor weiteren Anfragen. Aber hier wurde es persönlich zwischen Profi und Supporter. Denn Keith Spooner, der Fan, beschrieb auf Twitter die Bedeutung des Regenbogenarmbands für ihn: »Mit 17 Jahren habe ich mich geoutet, ich habe mich durch meine Teenagerjahre gekämpft, aber das Einzige, bei dem ich mich immer zu Hause gefühlt habe, war Liverpool. Dies zu sehen, bedeutet mir die Welt, das tut es wirklich!« Darauf Henderson, der Kapitän: »Wenn das Tragen der #RainbowLaces-Armbinde auch nur einer Person hilft, dann ist das ein Fortschritt. Jeder ist im Liverpool Football Klub willkommen. Ich hoffe, du hast das Spiel heute Abend genossen. You'll never walk alone, Keith.«

Man hätte die Stadionhymne unter diesen Twitter-Dialog legen können.

Henderson hatte sich bewusst dafür entschieden, die LGBTQ+-Community zu unterstützen, und das war damals großartig. Es ist eine andere Sache, wenn ich mich zu Wort melde – ich habe mich öffentlich geoutet und fühle mich verpflichtet, mich für die Gemeinschaft einzusetzen, zu der ich gehöre. Aber wenn man einen heterosexuellen Verbündeten wie ihn hat, ist das Signal noch viel mächtiger, denn niemand würde das von ihm erwarten.

Er hat sich dafür entschieden, und seine Unterstützung war wertvoll. Er war ein Vorbild für die Liverpooler Fans und die queeren Fans in aller Welt. Und er wusste um seine Bedeutung.

Irgendwann hat Henderson gesagt: »Die Vorstellung, dass jemand, den ich liebe oder der mir wichtig ist, sich nicht sicher fühlen würde, wenn er oder sie Teil der LGBTQ+-Gemeinschaft wäre, lässt mich fragen, in welcher Welt wir leben.«

Als die Nachricht kam, Jordan Henderson werde nach Saudi-Arabien wechseln, zu Ettifaq FC, wo sein alter Liverpooler Legendenkollege Steve Gerrard Trainer ist, fiel mir genau dieses Zitat ein: »Die Vorstellung, dass jemand, den ich liebe, sich nicht sicher fühlt.« Genau mit dieser Vorstellung wird Hendo umgehen müssen in

Saudi-Arabien. Seine schwulen Freunde – wenn er wirklich welche hat – können nicht sicher sein, wenn sie ihn live spielen sehen wollen. Homosexualität ist gegen das Gesetz in Saudi-Arabien, wo gleichgeschlechtliche Liebe als Verbrechen gilt. Schwulsein ist in Saudi-Arabien etwas, das ausgemerzt gehört und bestraft werden muss, mit Peitschenhieben, Gefängnis, Hinrichtung. Wer liebt, wen er lieben möchte, kann dafür umgebracht werden. In Saudi-Arabien, wo sie gerade die besten Fußballspieler der Welt auf goldenen Thronen um die Welt fliegen lassen.

Ich bin sicher, dass Jordan Henderson den Konflikt erkannt hat. Dass er das mit sich ausmachen musste und es keine leichte Entscheidung war. Und dass es bitter für ihn war, in Liverpool keinen Stammplatz mehr zu haben, deshalb wollte er ja weg. Er hätte überall hingehen können, England, Europa, USA. Aber er hat sich für Saudi-Arabien entschieden. Und dann ist es, gerade bei einem Spieler, der ohnehin schon sehr viel Geld verdient, traurig zu erkennen, wie wenig ihm das, was ihm früher wichtig war, bei dieser Entscheidung bedeutet hat.

Später hat Henderson in einem Video für Saudi-Arabien als Ausrichter der WM 2034 geworben. »Ich glaube, es wird ein besonderes Turnier werden, wenn sie es kriegen«, sagte er. »Wenn wir uns Katar ansehen, war es ein gutes Turnier. Ich glaube, dass die Fans das Turnier genossen haben – und ich denke, dass es in Saudi-Arabien nicht anders sein wird.«

Die Vergabe der WM nach Katar hatte Henderson noch als »schockierend« bezeichnet.

In Liverpool gibt es das queere Football-Team Mersey Marauders, dessen Team-Manager Paul Williams natürlich auch eine Dauerkarte für die Anfield Road hat. Er hat die Fassungslosigkeit der Community in einem Interview mit dem Liverpool Echo auf den Punkt gebracht: »Ich bin wirklich enttäuscht, um ehrlich zu sein. In den letzten Jahren war Jordan nicht nur auf dem Spielfeld ein Verbündeter, indem er die Regenbogenbinde trug, sondern auch abseits des Platzes mit seinen Botschaften und Kommentaren zur Unterstützung von LGBTQ+-Menschen.« Denn wenn auch vieles, was im Fußball passiert, für die meisten part of the game sein mag, Routine – für die Community war Hendersons Solidarität wichtig. Oder das, was sich nach Solidarität anhörte.

Das war mein Tweet, den ich abgesetzt habe: »Jordan Henderson wird also endlich nach Saudi-Arabien wechseln. Schön für ihn, er kann spielen, wo er will. Ich bin allerdings neugierig, wie die neue Marke JH aussehen wird. Die alte Marke ist tot! Eine Zeit lang habe ich geglaubt, dass seine Unterstützung für die LGBTQ+-Gemeinschaft echt sein würde. Silly me ...« Vier Millionen Klicks, natürlich nicht nur Zustimmung. Fußball ist, gerade für viele Engländer, ein Geschäft. Aber für mich ist er mehr, und nicht nur für mich. »Warum kritisierst du ihn? Er war doch ein viel besserer Spieler als du«, fragte jemand, und natürlich ist er ein besserer Spieler als ich es war. Aber das ist nicht der Punkt.

In einigen Reaktionen auf meinen Tweet stand, dass doch jeder so viel Geld nehmen würde. Nein, das würde nicht jeder tun. Es gibt noch immer Leute, die es nicht tun würden. Die Maß halten, weil ihnen ihre Werte wichtiger sind als Geld. Ich möchte glauben, dass sich nicht jeder immer für das finanziell beste Angebot entscheidet.

Ich möchte glauben, dass man auch im Fußballbetrieb ein Mensch bleiben kann, dem nicht alles egal ist.

FUSSBALL IST FÜR ALLE –
WAS HAT SICH GEÄNDERT SEIT
MEINEM COMING-OUT?

In der Vergangenheit, die so lange noch gar nicht her ist,
sagte Rudi Assauer, hoch angesehener Fußball-Mana-
ger und eines dieser sogenannten Kinder der Bundesliga: »Als ich noch in Bremen war, hörte ich, dass unser
Masseur schwul ist.« Er sei daraufhin zu diesem Masseur
gegangen und habe ihn gebeten: »Junge, tu mir einen
Gefallen – such dir einen neuen Job.« So hat er es dem
Kölner Express in einem Interview erzählt, im März 2010.
Ein anderes Beispiel: Der Leipziger Trainer Peter Pacult
beschimpfte 2012 nach einem Regionalliga-Spiel einen
Fan des FC St. Pauli als »schwule Sau«, vom Sportgericht
des Deutschen Fußball-Bundes (DFB) wurde er dafür zu
einer Geldbuße von 800 Euro verurteilt. Straffrei ging
dagegen jener bekannte Berater aus, der zum Ende der
Weltmeisterschaft in Südafrika 2010 in einer *Spiegel*-Story
zitiert wurde: die deutsche Nationalmannschaft sei eine
»Schwulencombo«.

Was hat sich geändert seit meinem Coming-out vor
zehn Jahren? Der Umgang mit Worten ist ein anderer
geworden. Nicht in der Hitze jeder Kreisliga-Begegnung,
aber auf höherer Ebene – und also da, wo Kameras pos-
tiert sind – schon. Der Begriff Schwulencombo war da-

mals nur ganz kurz ein Thema, dann wurde die Debatte schnell wieder geschluckt. Ich glaube nicht, dass über ein derart diffamierendes Wort heute so leicht hinweggegangen würde. Und Rudi Assauers Entlassung eines schwulen Masseurs würde heute auch nicht mehr, wie damals, als folkloristisch oder volkstümlich abgebucht und weggelächelt. Da gäbe es im Betrieb schon welche, die sagen würden: so kann man nicht miteinander umgehen, das muss Konsequenzen haben.

Trotzdem gibt es Kritiker, die behaupten, mein Coming-out hätte im Fußball nichts bewirkt. Schließlich hätte sich in den zehn Jahren danach noch immer kein aktiver Profi in Deutschland ein Beispiel an mir genommen. Und wer nur diese Zahl als Maßstab nimmt, wer mal wieder nur Deutschland als Referenzgröße gelten lässt, kann diese Bilanz so ziehen. Das Online-Magazin *Vice* veröffentlichte schon vor Jahren einen Artikel: »Das Coming-Out von Hitzlsperger hat überhaupt nichts verändert.« Im Text war der Autor sehr bemüht, diese These zu stützen, musste aber dann doch einiges aufzählen, was sich geändert hat. Mehr Geld für neue Projekte. Mehr Fußball-Prominenz bei Homosexuellen-Veranstaltungen. Ein größeres Bewusstsein auch in der Kurve dafür, dass Schwule eben doch harten Fußball spielen können. Allerdings, so steht es im Text: »Ein Hitzlsperger oder auch ein neuer geouteter Hitzlsperger reichen nicht aus.«

Ein neuer geouteter Hitzlsperger? Da geraten die Begriffe komplett durcheinander. Ich wurde ja eben nicht von jemandem geoutet, womöglich sogar gegen meinen Willen (und ich würde auch einem neuen Hitzlsperger nichts weniger wünschen, als gegen seinen Willen geoutet zu werden). Ich hatte vor zehn Jahren mein selbstbestimmtes Coming-out. Das ist etwas anderes, als geoutet zu werden. Sollten diese Grundbegriffe einem Journalisten, der es sich zutraut, über so ein Thema zu schreiben, nicht geläufig sein?

Natürlich wäre es bemerkenswert gewesen, wenn mehr Fußballer in Deutschland sich getraut hätten zu sagen: Ich bin schwul. Ganze Viererketten, Mittelfeldrauten, Sturmreihen. Aber, man muss nicht drumherum reden: Im Fußball herrscht an vielen Stellen noch immer ein heteronormatives Denken vor. Wo Härte und Kraft glorifiziert werden, gilt Homosexualität vielen als Synonym für Schwäche. Vieles, was im Fußball hilfreich ist, wird als »männliche« Eigenschaft gewertet: Wettbewerbsstärke, Zweikampfstärke. Dass es eine zähe Angelegenheit werden würde, diese Denkmuster zu brechen, war von vorneherein klar. Ich habe nie etwas anderes behauptet. Ich habe nie gesagt, dass es einfach wird, etwas zu bewegen. Aber wer sagt, es habe sich nichts bewegt, macht es sich zu einfach.

Was sich geändert hat? Meine Zeit im Vorstand beim VfB Stuttgart zum Beispiel war zeitweise konfliktreich, aber nicht ein einziges Mal hatte ich das Gefühl, dass mein Schwulsein die Arbeit verkompliziert oder ich, als homosexueller Mann, irgendwelchen Anfeindungen ausgesetzt gewesen wäre. Absolut null. Beim Coming-out war mir noch nicht klar, ob ich in dieser Fußball-Gesellschaft weiter als Funktionär würde existieren können – dass das gelungen ist, ist für mich ein Riesenfortschritt. So wie ganz selbstverständlich mit meinem Ehemann am Familientisch zu sitzen, wo man sich das fünf Jahre vorher in einer katholischen Familie nicht einmal hätte vorstellen können. Das ist schon eine coole Entwicklung. Und auch, dass Taxifahrer zu mir eher selten sagen: Du bist doch der, der sich geoutet hat. Öfter sagen sie: Du hast doch bei Stuttgart gespielt. Ich werde, als Person, nicht allein über meine sexuelle Identität definiert. Genau so hatte ich mir das gewünscht.

Alexander Wehrle, mein Nachfolger als Vorstandsvorsitzender beim VfB Stuttgart, hat dafür gesorgt, dass der VfB im Sommer 2023 zum ersten Mal mit einem eigenen Parade-Truck beim Christopher Street Day dabei war. Gemeinsam mit dem Stuttgarter Junxx, dem ersten schwul-lesbischen VfB-Fanklub. Wehrle war früher beim 1. FC Köln. Dass das Bekenntnis zu Diversity auch beim Fußball in Köln inzwischen so etwas wie Vereins-Identität geworden ist, ist allgemein bekannt und ist sicher auch mit seiner Arbeit dort verbunden.

Beim VfB will Wehrle auch schaffen, was er in Köln hingekriegt hat. Ausgerechnet in der *Bild*-Zeitung hat er erklärt, was er vorhat: »Mitarbeiter und Spieler können zu uns kommen, wenn sie ein Thema haben. In unserem Nachwuchs-Leistungs-Zentrum finden regelmäßig Workshops statt, bei denen die Jungs für Themen wie Homophobie, Ausgrenzung und Mobbing sensibilisiert werden.«

So eine Initiative wäre vor fünfzehn, zwanzig Jahren in der Bundesliga noch undenkbar gewesen.

Wenn man Fußballfans fragt: Wie viele offen schwule

Fußballer gibt es in den Top-5-Ligen – dann werden die meisten vermutlich sagen: null. Stimmt aber nicht: Der tschechische Nationalspieler Jakub Jankto ist 2023 wenige Monate nach seinem Coming-out von Sparta Prag zu Cagliari Calcio in die Serie A gewechselt. Das ist in Deutschland komplett unterm Radar gelaufen, hat aber trotzdem stattgefunden. Jakub Jankto wurde bei seiner Ankunft am Flughafen von den Fans im Empfang genommen, »Grande Jankto« riefen die Tifosi. Und als der Sportminister Andrea Abodi aus dem ultrarechten Kabinett der italienischen Ministerpräsidentin Georgia Meloni später über Janktos Coming-out sagte: »Mir gefallen solche öffentlichen Zurschaustellungen nicht«, gab es Widerspruch und Empörung bei der Opposition im Parlament. Aber auch in der Liga. Cagliaris Trainer Claudio Ranieri sagte: »Es wird keine Probleme geben. Vielleicht wird es in den Stadien ein paar Idioten geben, aber wir werden weitermachen. Ich glaube, dass ein Junge, der das tut, was er getan hat, innerlich sehr stark ist.«

Als Jakub Jankto im Februar 2023 bei Twitter bekannt gab, er sei homosexuell und wolle sich nicht länger verstecken, er wolle stattdessen sein Leben in Freiheit führen, »ohne Angst, ohne Vorurteile, ohne Gewalt, aber mit Liebe« – da antwortete per Tweet ausgerechnet der Weltfußballverband FIFA: »Wir sind alle bei dir, Jakub. Fußball ist für jeden.« Dazu ein Herzchen und – tatsächlich – die Regenbogenflagge. Zwei Monate nachdem dieselbe FIFA bei der Weltmeisterschaft in Katar dafür gesorgt hatte, dass kein Spieler auch nur auf den Gedanken kommt, die One-Love-Binde anzulegen geschweige denn die Regenbogenbinde, verzierte sie ihr eigenes Statement mit dem Regenbogen.

Am Tag nach ihrem Regenbogen-Gruß an Jakub Jankto vergab die FIFA die nächste Klub-WM nach Saudi-Arabien.

Wollte also Jakub Jankto, dem die FIFA gerade noch ihre Solidarität versichert hatte, zu dieser Veranstaltung nach Saudi-Arabien reisen, müsste er damit rechnen, für sein Statement bestraft zu werden. Er müsste genau das tun, was er nicht mehr ertragen konnte: seine Sexualität verstecken.

Dass die FIFA den Regenbogen an ihre Postings hängt, ist zynisch. Aber der Regenbogen wird als Symbol inzwischen auch bei anderen Gelegenheiten überstrapaziert, auch dann, wenn er gut gemeint ist. Ich war im Sommer 2023 Gast bei der Brighton and Hove Pride Parade, ähnlich dem Christopher Street Day, die Parade hatte fünfzigstes Jubiläum. Überall kleben sie bei solchen Veranstaltungen die Regenbogen drauf, sogar auf Marmeladegläser, und die Leute kaufen es, es ist eine Geldmacherei vor dem Herrn geworden. Ich weigere mich inzwischen, Merchandise-Artikel mit dem Regenbogen zu kaufen. Hätte es damals nicht geregnet, wäre Brighton komplett mit Regenbogen tapeziert gewesen. Aber wofür steht ein Regenbogen noch, wenn er derart oft vervielfältigt wird? Was erzählt er uns?

Auch in der Bundesliga kann man sich das manchmal fragen. Regenbogenbanden mit Wohlfühlfloskeln, Regenbogenflaggen, Regenbogenbeleuchtung. Bitte nicht falsch verstehen: Jede ernsthafte Auseinandersetzung mit diesem Symbol ist erwünscht. Jeder Regenbogen, der homosexuelles Leben auch im Fußball entstigmatisiert: allergrößte Zustimmung. Aber es stehen in der Bundesliga auch viele Regenbogen am Himmel, die kaum noch eine Bedeutung haben. Die nur PR sind, Geldschneiderei, ein Aufdruck auf dem nächsten Sondertrikot, das die Fans kaufen sollen. Aber wenn das limitierte Diversity-Trikot am Ende zwischen dem limitierten Weihnachtstrikot und dem limitierten Karnevalstrikot und dem limitierten Event-Trikot bei den Fans im Reliquien-Schrank hängt – dann hat es seine Botschaft verloren. Eine Diversity-Bewegung, die zum Mode-Accessoire verzwergt wird, hat kein Gewicht mehr.

Die Diversity-Bewegung kann sich aber auch selbst beschweren und überlasten. Wenn wir über Entwicklung der queeren Community sprechen: Als ich angefangen habe, mich damit zu beschäftigen, gab es das Kürzel LGBT, also Lesbian, Gay, Bisexual and Transgender (lesbisch, schwul, bisexuell und transgender). Dann ist das Akronym immer länger geworden, inzwischen spricht man von LGBTQIA+ – eine Abkürzung der englischen Begriffe Lesbian, Gay, Bisexual, Transsexual/Transgender, Queer, Intersexual, Asexual und weitere Gruppen. Das ist, in all diesen Abstufungen der Geschlechtsidentitäten, für viele da draußen nicht mehr verständlich, fürchte ich.

Und einige Aktivisten der queeren Community sind in ihrer Unversöhnlichkeit eine ziemliche Herausforderung. Wir hatten – ein gutes Beispiel für das Diskussionsklima – beim DFB die Debatte um das Spielrecht für Transpersonen. Das Thema war auch für mich neu, und ich musste mich fragen: Wie gehe ich damit als DFB-Botschafter für Vielfalt um? Erst mal ist mir der Claim vom DFB wichtig: Fußball ist für alle. Unsere Aufgabe ist sicherzustellen, dass jeder, der Fußball spielen will, Fußball spielen kann. Dann gibt es aber Situationen, mit denen nicht nur die Landesverbände überfordert sind. Anfragen kommen rein: Eine Transperson will bei den Frauen spielen oder bei den Mädchen. Wie gehen wir damit um?

Ich habe die Lösung des DFB mitgetragen, weil sie nach langem Überlegen und intensiven Debatten mit Experten und Expertinnen getroffen wurde. Im Amateurbereich dürfen Transpersonen bei den Frauen spielen. Warum nur im Amateurbereich? Mir persönlich ist es wichtig, dass Transpersonen im organisierten Amateurfußball mitspielen können. Im Amateurbereich. Zwar geht es auch im Amateurbereich ums Gewinnenwollen – noch bedeutender ist allerdings das Gemeinschaftserlebnis. Aber im Profibereich? Wenn wir mal kurz zu anderen Sportarten switchen, Leichtathletik, 400-Meter-Lauf: eine Transperson läuft bei den Frauen und kommt fünf Sekunden vor dem Rest an. Das ist nicht meine Vorstellung von Gerechtigkeit. Aber schon bin ich auf dünnem Eis unterwegs, wenn ich so etwas öffentlich formuliere.

Deswegen habe ich den Beschluss des DFB mitgetragen: Ja, im Amateursport dürfen Transpersonen bei Frauen und Mädchen mitspielen. Ein Kompromiss. Manchmal muss man Kompromisse finden. Und natürlich kommen dann gleich Anwürfe von Aktivisten und Aktivistinnen, die sich und ihre Interessengruppen übergangen fühlen: Was ist das eigentlich für ein Vielfaltsbotschafter, der solche Entscheidungen verteidigt?

Ich finde: Dass wir im Verband ein so anspruchsvolles Thema wie das Spielrecht für Transpersonen überhaupt so seriös und gut vorbereitet debattieren und nach Lösungen suchen, ist schon ein Schritt, der DFB ist hier weiter als andere Nationalverbände. Ein Schritt ist auch, dass in vielen Stadionordnungen inzwischen Diskriminierungsverbote festgeschrieben sind. Dass das Fußballmagazin *Kicker* die Initiative #kickout an den Start gebracht hat, mit der für mehr LGBTI-Akzeptanz geworben werden soll. Das Fußballmagazin *11FREUNDE* hatte die Aktion #ihrkönntaufunszählen. Dass Manuel Neuer bei der EM 2021 die Regenbogenbinde getragen hat. Dass es in der Bundesliga zum Beispiel beim VfB Stuttgart Workshops für Homosexuelle gibt und zum Beispiel in Bremen nach den Spielen Awareness-Busse eingesetzt werden – das sind alles Schritte. Die Busse sind für Frauen, Inter-Personen, Non-Binäre, Transpersonen, A-Gender-Personen. Menschen also, die sich unter besoffenen Fans nicht sicher fühlen, gerade nach dem Spiel kann schnell was eskalieren. Weil es Menschen gibt, die sich ohne einen Schutzraum nicht zum Spiel wagen würden, sind diese Busse auch ein Schritt hin zum Ziel: Fußball für alle.

Was noch passiert ist, und um den Blick noch mal zu weiten: Zwei Jahre vor Jakub Jankto outete sich der Australier Joshua »Josh« Cavallo in einem Videoclip, der bei *Youtube* unter dem filmreifen Titel »Josh's Truth« abgelegt ist. »Alles, was ich möchte, ist Fußball spielen und dabei wie jeder andere behandelt werden«, sagte Cavallo, Profi beim Erstligisten Adelaide United.

Auch Cavallos Geschichte zeigt, was sich in den vergangenen Jahren verbessert hat. Ein Beispiel: Iker Casillas, immerhin ehemaliger spanischer Welt-Torhüter, hatte sich im Netz als homosexuell geoutet, aber nur als schlechter Witz. Sein Verteidigerkollege Carles Puyol machte den Witz dann noch ein bisschen schlechter. »Es ist der Augenblick, unsere Geschichte zu erzählen, Iker«, twitterte er. Aber danach entschuldigten sich die beiden. Sie taten es auch deshalb, weil Joshua Cavallo unmissverständlich reagiert hatte, er packte diese beiden Superstars bei der Ehre, also bei ihrem Idolstatus. Er machte deutlich, wie enttäuscht er von ihnen war, damit kriegte er sie. Er schrieb: »Es ist mehr als respektlos, wie sich meine Vorbilder über meine Community lustig machen.«

Joshua Cavallo ist es auch gewesen, der den englischen Juniorenspieler Jake Daniels 2022 zum Coming-out ermutigt hat. Die Geschichte von Jake Daniels ist besonders, weil der Fußball in England noch immer traumatisiert ist vom Schicksal des Profis Justin Fashanu, der im Februar 1980 für seinen Verein Norwich City das Tor des Jahres gegen Liverpool geschossen hatte. Die berühmte Sequenz kommt heute noch manchmal im Fernsehen, in Rückblicken auf Zeiten, als die Spielfelder in Englands Topligen noch wie Rübenäcker aussahen. Auf dem derart runtergerockten Fußballplatz an der Carrow Road nahm Fashanu in seinem gelb-grünen Trikot den Ball am Strafraumrand mit dem Rücken zum Tor stehend an, lupfte ihn, legte ihn sich selbst vor und zwirbelte ihn dann mit links an Ray Clemence vorbei unter die Latte. »Oh, what a goal!«, rief BBC-Kommentator Barry Davies, fast überschlug sich seine Stimme. Der Platz in Norwich schien komplett aus Matsch zu bestehen an diesem Spätwintertag, kaum ein Grashalm wagte sich ans Licht, aber ausgerechnet auf diesem Boden erblühte einer der schönsten Treffer der englischen Fußballgeschichte. So unvergesslich wie das Tor seines Lebens war auch Fashanus lakonischer Jubel. Trotzig stapfte er vom Strafraum zum Mittelkreis zurück, dabei hielt er den rechten Zeigefinger in die Luft, als wollte er sagen: Ihr werdet noch von mir hören.

Ein Jahr später überwies Nottingham Forest für Fashanu eine Million Pfund Ablöse, so viel war vorher in England noch nie für einen schwarzen Profi bezahlt worden. Aber in Nottingham regierte Coach Brian Clough, einer der berühmtesten Gaffer im englischen Fußball. Hoch angesehener Meistertrainer und Fernsehexperte, aber auch ein reaktionärer weißer Mann, der den Neuzugang beschatten ließ. Er hatte wohl von irgendwoher einen Wink bekommen. Als herauskam, dass Fashanu in Schwulenbars unterwegs war, nannte ihn Clough vor der ganzen Mannschaft »bloody poof«, verdammte Schwuchtel, und warf ihn aus dem Team. Als Fashanu daraufhin mit der Reserve trainierte, rief Clough die Polizei, um ihn endgültig vom Gelände zu vertreiben. Clough war derart homophob, dass er einen Schwulen in seinem Verein nicht ertrug.

Fashanu, ein kluger und sensibler Mann, war danach entwurzelt. Eine möglicherweise glänzende Fußballkarriere wurde, noch bevor sie richtig begonnen hatte, ausgebremst durch Homophobie. Fashanu spielte hier, spielte dort. Southampton, Notts County, Brighton & Hove, Los Angeles, Edmonton, Manchester. Sein offizielles Coming-out verkaufte er 1990 für 70.000 Pfund an die homophobe *Sun* und versuchte, das Ganze wie einen Plan aussehen zu lassen: »Ich dachte, wenn ich mich in den schlimmsten Zeitungen als schwul outen würde und dabei stark und positiv bliebe, könnten sie nichts mehr sagen.« Aber Boulevardblätter sind schlechte Verbündete. Als Fashanu Jahre später eines sexuellen Übergriffs bezichtigt wurde, machten die *Sun* und andere Revolverblätter aus Anschuldigungen sofort Tatsachen und Schlagzeilen. Und Fashanu, der zu Anfang der Karriere nach seinem allerschönsten Tor wortlos angekündigt hatte, dass die Leute noch von ihm hören würden, hielt Wort. Er schrieb einen Abschiedsbrief: »Ich fühlte, dass ich wegen meiner Homosexualität kein faires Verfahren bekommen würde. Ihr wisst, wie das ist, wenn man in Panik gerät. Bevor ich meinen Freunden und meiner Familie weiteres Unglück zufüge, will ich lieber sterben.«

Dann erhängte sich Justinus Soni Fashanu, der erste Fußballprofi der Welt, der seine Homosexualität öffentlich gemacht hatte, mit einem Elektrokabel in einer Garage. Das war im Mai 1998.

Im Mai 2022 veröffentlichte der FC Blackpool eine Message seines Spielers Jake Daniels: »Es gibt Menschen da draußen, die sich in der gleichen Situation wie ich befinden und sich vielleicht nicht wohl dabei fühlen, ihre sexuelle Orientierung zu offenbaren. Ich möchte ihnen nur sagen, dass man nicht ändern muss, wer man ist oder wie man sein sollte, nur um dazuzugehören«, sagte er.

Reaktionen auf sein Coming-out: Boris Johnson, damaliger Premierminister: »Danke für deinen Mut, Jake. Du wirst eine Inspiration für viele auf und neben dem Platz sein.« Harry Kane, damals noch in Tottenham und wenig später der 100-Millionen-Mann beim FC Bayern: »Großen Respekt an dich, Jake Daniels. Und wie dich deine Familie, deine Freunde, dein Klub und Kapitän dabei unterstützt haben.« Rio Ferdinand, ehemaliger Nationalspieler, ewige Legende (und Werbegesicht für Fußball in Katar): »Lasst uns alle mithelfen, eine sichere und unterstützende Umgebung für alle LGBTQ+-Personen im Fußball und darüber hinaus zu schaffen.« Jürgen Klopp, Trainer von Liverpool: »Ich kenne ihn nicht, aber ich bin stolz auf ihn. Ich freue mich wirklich für ihn.«

Was sich geändert hat? Ein Vierteljahrhundert nach Justin Fashanus Verzweiflungstat wurde Jake Daniels sogar von Prinz William beglückwünscht: »Ich hoffe, dass seine Entscheidung, offen zu sprechen, anderen das Vertrauen gibt, dasselbe zu tun.«

In Deutschland aber gibt es keinen neuen Hitzlsperger, also keinen deutschen Jakub Jankto, keinen deutschen Josh Cavallo, keinen deutschen Jake Daniels, keinen deutschen Collin Martin, der 2018 seine Homosexualität öffentlich machte.

Dabei ist Fußball doch für alle.

In genau dieser Formulierung versteckt sich schon die nächste Ambivalenz, die jeder mitdenken muss, der verstehen will, dass es inzwischen einerseits für einen aktiven Spieler in der Bundesliga leichter sein sollte, sich zu outen, andererseits aber auch nicht. Die Dinge sind mal wieder kompliziert.

Borussia Dortmund ist ein gutes Beispiel für die Vielschichtigkeit dieser Debatte. Ein Klub, der vor vielen Jahren angefangen hat, sich weltweit zu vermarkten – und der das auch hingekriegt hat. Borussia ist sogar an der Börse notiert, für so einen Verein stellt sich immer dringend die Frage: Wie können wir möglichst viele Käuferschichten erreichen? Wie können wir unsere Marke noch bekannter machen? Obwohl deren Fanshop beim Stadion schon jetzt so groß ist wie ein Möbelhaus.

Zu dieser Expansionsstrategie gehört, für Vielfalt zu stehen und im Gegenzug die Hooligan- und Naziszene trockenzulegen und kleinzuhalten. Was das angeht, waren sie in Dortmund extrem erfolgreich. Der Kampf des BVB mit seiner Fanabteilung gegen rechts wurde mit dem Julius-Hirsch-Preis ausgezeichnet, Dortmunder Fans zwischen 17 und 67 Jahren hatten die Gedenkstättenfahrt Lublin organisiert, auf den Spuren von 800 aus Dortmund deportierten Juden ins polnische Lublin.

Und dann verpflichtet dieser Verein, der liberale Werte hat und zu diesen Werten offensichtlich auch steht, zur Saison 2023/24 aus Wolfsburg den talentierten Fußballer Felix Nmecha. Ein missionierender Christ, der Jesus für jedes Tor dankt und bei Instagram auch Beiträge des transfeindlichen Rechtsaktivisten Matt Walsh teilt, der sich selbst »theokratischer Faschist« nennt.

Ein Fall, in dem offensichtlich die Werte, die die Dortmunder propagieren, im Widerspruch stehen zu dem

Spieler, den sie verpflichten wollen. Was macht dann der Verein? Die Dortmunder können es sich offenbar nicht leisten, diesen Spieler nicht zu holen. Der Sport ist das Wichtigste, die Leistungsfähigkeit der Mannschaft muss verbessert werden, also holen sie ihn. Und was tut man, um die negativen Reaktionen abzufedern? Man setzt die Manpower von Vertrauenspersonen ein. Die höchsten Würdenträger des BVB, Geschäftsführer Hans-Joachim Watzke und Präsident Reinhold Lunow, befragen den Spieler Nmecha persönlich. Ergebnis: Homophobie liegt nicht vor.

Am Ende steht wieder einmal der Sport über allem. Ein Verein wie Dortmund, der sich Diversität verpflichtet fühlt, kann einen Profi unter Vertrag nehmen, der im Netz schwulenfeindliche Beiträge teilt – und kommt damit durch. Die Dauerkarten werden nicht reihenweise gekündigt. Das Stadion ist weiter permanent ausverkauft. Der Junge hat schon Tore gemacht und wird ein voll integriertes Mitglied dieses Klubs sein, wenn die Ergebnisse stimmen und er gesund bleibt.

In dieser Widersprüchlichkeit verharrt der Fußball. Am Ende kommen die Zuschauer und sagen: Ich will erfolgreichen Fußball sehen, ich will irgendwann vor Bayern München landen. Das ist mir wichtiger als Diversitäts-Bekenntnisse, die der Verein raushaut.

Die Klubs wissen, dass sie Kritik aushalten können. Sie versuchen, Wege zu finden, die Kritiker einzufangen, eine andere Geschichte zu erzählen, durch gute PR. Und, das ist für liberale und progressive und aufgeklärte Freunde des Fußballs bestimmt schwer erträglich, aber trotzdem wahr: Die Klubs können auch davon ausgehen, dass ein gewisser Anteil der Fans den Fußball inzwischen schon wieder für zu woke hält.

Dabei hat im Sommer 2023 die Meldestelle für Diskriminierung im Fußball in NRW ihren Jahresbericht veröffentlicht. 550 Vorfälle wurden ausgewertet. Am häufigsten ist es zu Sexismus gekommen, gefolgt von Rassismus und Queer-Feindlichkeit. Sogar Hitlergrüße werden wieder öfter gezeigt, im Profifußball und bei den Amateuren. Dass das gesellschaftliche Klima sich zuletzt verändert hat, strahlt auch auf die Fußballplätze ab.

Im Moment sehen wir deutlicher als in den vergangenen Jahren, dass der Fußball auch solche Menschen und Initiativen anzieht, die Entwicklungen zurückdrehen wollen. Die AfD bekommt in Umfragen mehr als 20 Prozent. Und wenn der Fußball wirklich für alle ist, dann ist er natürlich auch für solche Fans, die diese Partei wählen oder die Weltanschauung dieser Partei für richtig halten. In Stadien, wo die gesamte Gesellschaft sich trifft und treffen soll, gibt es auf den Tribünen Linke und Ultrarechte, Schwule und Schwulenfeinde, Progressive und Gestrige. Und in den Mannschaften gibt es sie auch. »Fußball ist für alle« ist ein guter, wichtiger Satz. Aber er ist von verschiedenen Seiten unterschiedlich deutbar. Zuletzt ist das wieder offensichtlicher geworden: Den Satz »Fußball ist für alle« können auch diejenigen für sich reklamieren, die gegen Integration, Nachhaltigkeit und Vielfalt sind.

Als der brasilianische Schiedsrichter Igor Benevenuto sich 2022 in einem Podcast als schwul outete, sagte er:

»Der Fußball ist eine der feindlichsten Umgebungen für einen Homosexuellen.«

Was nach meinem Coming-out also passiert ist? Schon viel, aber nicht genug. Wer sich im Fußball outet, braucht immer noch Mut. Es ist noch immer nicht so, dass ein Fußballer einfach sagt: Ich bin schwul. Und die Mehrheit der Leute hört das und fragt, eher unaufgeregt: Na und?

2023 gab es weltweit sieben aktive Profis, die offen homosexuell leben. Sieben.

Vielleicht hätte man vor zehn Jahren erwarten können, dass Coming-outs im Fußball schneller selbstverständlich werden, in einer scheinbar immer liberaler und offener werdenden Gesellschaft. Aber selten geht etwas so leicht, wie man es gern hätte. Immer gibt es Schübe, Brüche. Und leider verlaufen Entwicklungen nicht linear.

IN EINEM ANDEREN LAND – KULTURKAMPF IN DEUTSCHLAND UND DIE EUROPAMEISTERSCHAFT 2024

An einem warmen Tag im Juni 2023 wurde in Berlin im Kanzlergarten der »Ein-Jahres-Countdown« gestartet. Eine Art Feierstunde: nur noch 365 Tage bis zur Europameisterschaft in Deutschland. Bundeskanzler Olaf Scholz erzählte, viele Menschen würden auf dieses Turnier »hinfiebern«, allerdings hatte er zu dem Zeitpunkt diesen Eindruck ziemlich exklusiv. Niemand da draußen fieberte Mitte 2023 auf die Europameisterschaft Mitte 2024 hin. Warum auch? Ich spür noch gar nix, haben mir ein paar Freunde erzählt, und ich konnte ihnen auch nicht sagen, was genau sie jetzt eigentlich spüren sollten. Wer glaubt, dass man Vorfreude verordnen kann, hat vom Wesen dieser Großveranstaltungen nicht viel verstanden, und vor allem nichts von ihrem Esprit, der immer erst in dem Moment entsteht, wenn es richtig losgeht. Scholz hielt tapfer einen blauen Wimpel in die Kamera, der mit »One year to go« bedruckt war. Bernd Neuendorf allerdings, der Präsident des DFB, sprach gleich wieder von der Vergangenheit, als er über die Zukunft sprach: »So wie wir es 2006 schon mal gemacht haben, wollen wir es nächstes Jahr auch halten.« Ich kann die Sehnsucht nachempfinden, würde mich ihr aber nicht ausliefern. Jeder Versuch, das Sommermärchen zu kopieren, muss krampfhaft wirken und ist von vorneherein gescheitert.

Warum? Die Zeiten haben sich komplett geändert.

Das Sommermärchen, die sogenannte Heim-WM 2006, war ein Ereignis, das in der kollektiven Erinnerung immer weiter gewachsen ist, inzwischen ist es zu einer Art deutschem Mythos geworden. Dafür gibt es verschiedene Gründe, einer davon ist, wie schon gesagt, das Wetter. Kurz vor WM-Beginn war es damals noch frisch gewesen. Aber der Sommer kam dann doch noch genau richtig, als am 9. Juni um 18 Uhr das Eröffnungsspiel angepfiffen wurde. Ich weiß, wovon ich spreche: Ich saß damals auf der Ersatzbank in der Münchner Allianz-Arena. Es war alles genau so, wie es Franz Beckenbauer versprochen hatte, Deutschlands bester Fußballspieler, der 1974 als Kapitän und 1990 als Teamchef Weltmeister geworden war und jetzt die Weltmeisterschaft 2006 ein drittes Mal prägte, als Organisationschef. Schon in den Jahren zuvor war er, wie man bei solchen Gelegenheiten gern sagt, ihr Gesicht geworden, jeden Abend war er im Werbefernsehen zu sehen, in verschiedenen Rollen. Manchmal hatte er den Werbeblock komplett für sich, und jedes Mal war er derjenige, der etwas Schönes dabeihatte für die Leute. WM-Postbankbälle, WM-Weißbiergläser, vom Weihnachtsschlitten aus warf er Handys ins Publikum. Nie war Beckenbauer mehr Lichtgestalt als bei dieser, seiner Weltmeisterschaft 2006, für die er, mit seinen Kontakten nach ganz oben, dieses märchenhaft schöne Traumwetter organisiert hatte.

Das Ganze hatte etwas von Magie. Kurz vor der Weltmeisterschaft hatte er wortwörtlich angekündigt, was passieren würde: »Das Wetter ist noch nicht so gut. Aber der Wettergott wird ein Einsehen haben.« Beckenbauer legte, selbstgewiss wie er war, noch einen drauf: »Die Spieler werden ihre Badehose einpacken müssen.« So war es, ich hatte die Badehose dabei.

Woran man sieht, dass das Jahr 2024 mit dem Jahr 2006 so gar nichts mehr zu tun hat: Durch den Klimawandel hat selbst das Sommerwetter inzwischen eine dunkle Seite, das schöne Wetter hat seine Unschuld verloren, das ist kein kleiner Unterschied zu damals. Und es ist nicht nur das Wetter, das seine Unschuld verloren hat. Es liegt über vielem eine Schwere, die es damals so nicht gab.

»So wie wir es 2006 schon mal gemacht haben, wollen wir es nächstes Jahr auch halten«, hat also Bernd Neuendorf gesagt. Das wird auch deshalb nicht funktionieren, weil Franz Beckenbauer sich inzwischen ins Private verabschiedet hat. Wir haben erlebt, dass bei der Weltmeisterschaft in Katar ein Moderator gefehlt hat, ein Vermittler zwischen den Erwartungen der Mannschaft und den Ansprüchen der Fans. Beckenbauer war 2006 so ein Moderator gewesen – ganz anders natürlich als der, der in Katar gefordert gewesen wäre, das hätte ein politisch klarer Kopf sein müssen. So einer war Beckenbauer nie, eine Initiative wie Boycott Qatar hätte er nicht einordnen können. Auch Franz Beckenbauer hatte dem Fußball so viel zu verdanken – ihm fehlte die Distanz, um ihn kritisch sehen zu können.

Überhaupt war damals, 2006, die Welt und damit auch

die Fußballwelt noch weniger kompliziert. Es ging uns doch noch gut, oder? Okay, kaum hatte die Weltmeisterschaft angefangen, wurde Problembär Bruno am Spitzingsee erschossen. Aber auch der tote Bär machte die Weltmeisterschaft nicht kaputt.

Ein Jahr zuvor war von deutschen Verlagen eine Social-Media-Kampagne lanciert worden, »Du bist Deutschland«, sie sollte die Zuversicht in den Standort Deutschland fördern und neues, positives Nationalgefühl schaffen. Das ging schon sehr in die Richtung dessen, was ein Jahr später mit der Weltmeisterschaft erreicht werden sollte.

Wer aber war dieses Deutschland? Franz Beckenbauer war damals für viele das Deutschland, das sie sich wünschten. Erfolgreich und spielerisch zugleich. Nicht so verbissen, aber trotzdem fokussiert. So konnte nur er sein. Die Leute haben ihn dafür geliebt.

Vor der Weltmeisterschaft war Beckenbauer wie ein staatlich anerkannter Diplomat in alle Teilnehmerländer gereist, hatte allen möglichen Honoratioren die Hand geschüttelt, und nur einmal, in Prag, hat er den Protokollchef mit dem Innenminister verwechselt. Sie hatten ihm dann bei der Weltmeisterschaft einen Diensthubschrauber bereitgestellt, so war er imstande, von Frankfurt nach Berlin zu knattern, von Leipzig nach Gelsenkirchen, von Hamburg nach Köln. Er konnte drei WM-Spiele an einem Tag besuchen und außerdem noch in Enkenbach-Alsenborn ein Fritz-Walter-Denkmal einweihen, am S-Bahnhof Potsdamer Platz in Berlin eine Wachsfigur von Pelé enthüllen, sich im Wappensaal des Roten Rathauses ins

Gästebuch der Stadt Berlin eintragen und endlich auch noch seine Lebensgefährtin heiraten.

Der WM-Organisator – ganz deutsch, denn er nimmt sein Amt sehr ernst. Und auch ganz undeutsch, denn er hat Zeit, sich zwischendurch, mitten in der Weltmeisterschaft, entspannt ums Privatleben zu kümmern.

Und er war, jedenfalls erinnere ich mich nicht daran, nie chauvinistisch, er hat sein Deutsch-Sein nie zur Schau gestellt, weder im Großen noch im Kleinen, auch als WM-Organisator hatte er keines dieser schwarz-rot-goldenen Ansteck-Fähnchen am Revers, die inzwischen sogar bei Provinzpolitikern modern geworden sind. Für ihn, geboren im Herbst 1945, wäre so ein Accessoire nichts gewesen, der Krieg war noch ganz nah dran an seinem Leben.

Die Fans schwenkten beim Sommermärchen 2006 ihre Deutschlandfähnchen. Sie rieben sich das schwarz-rot-goldene Gesichts-Tattoo auf die Wange, das kostenlos der *Bild*-Zeitung beilag. Das war die Erzählung der Sommermärchens: der entspannte Patriotismus. Heute würde man sagen: das Narrativ. Dass die Kostümierung damals mehr partyartig als nationalistisch rüberkam, hing auch mit Beckenbauer zusammen. Beckenbauer war gewissermaßen selbst das Maskottchen seiner Weltmeisterschaft (der fusselige Löwe Goleo war es nie). Beckenbauer war das Sinnbild für einen heiteren und fröhlichen Umgang mit der eigenen Nation, der nicht in Ressentiments gegenüber Anhängern anderer Länder umschlug. Er brachte das Kunststück fertig, auch dann authentisch zu bleiben, wenn er pathetisch wurde. »Das ganze Land tanzt, das ganze Land hat sich das beste Kleid angezogen.« Ein Beckenbauer-Satz, eigentlich ein bisschen drüber. Aber ich kenne niemanden, der behaupten würde, dass der Satz damals nicht zugetroffen hätte.

2006 hat Beckenbauer, aus dem Hubschrauber auf Deutschland schauend, gesagt: »Wir leben in einem Paradies.« Das war in einer anderen Zeit, in einem anderen Land. Hat er geahnt, wie brüchig dieses Paradies sein würde? Die Erschütterungen, die die deutsche Gesellschaft auseinandergebracht haben, kamen später. Finanzkrise, Flüchtlingskrise, Coronakrise, Krieg in Europa, Krieg in Nahost, Klimakrise, entfesselter Populismus. Damit ist die Welt von 2024 beschrieben: Krise, Krise, Krise.

2006 gab es keine AfD im Bundestag, es gab die AfD noch gar nicht. Damals konnte man, als WM-Organisator, den Slogan »Die Welt zu Gast bei Freunden« auf alle Plakate malen lassen und hatte noch nicht mal dreist gelogen. 2024 wird, kurz nach der Fußballeuropameisterschaft, ein neuer Landtag in Thüringen gewählt, wo die rassistische, fremdenfeindliche AfD besonders stark ist. »Die Welt zu Gast bei Freunden« ist in Teilen Deutschlands kein glaubwürdiges Motto mehr.

Das Sommermärchen ist später auch teilweise entzaubert worden. Es hat seine Unschuld verloren durch die Erkenntnisse, dass bei der Vergabe der Weltmeisterschaft an Deutschland möglicherweise nicht alles mit rechten Dingen zugegangen ist. Und Franz Beckenbauer hat sich auch entzaubert, spätestens als er nach einer Katar-Reise sagte, er habe dort keinen einzigen Sklaven gesehen, niemanden mit einer Büßerkappe.

Als ich das damals gehört habe, kam es mir vor, als hätte Beckenbauer noch einmal versucht, in der für ihn typischen Art Probleme wegzufranzeln, Weltbewegendes kleinzureden oder scheinbar Nebensächliches groß. Vielleicht wollte Beckenbauer, auch als er über Katar sprach, die Debatte entspannen, aber es funktionierte nicht mehr. Weil die Lebensbedingungen der Wanderarbeiter in Katar etwas anderes sind als Funktionärsrivalitäten beim FC Bayern. Und weil man im auf Gewinnmaximierung ausgerichteten Gegenwartsfußball mit Wurschtigkeiten nicht mehr weiterkommt. Keine Büßerkappe gesehen? Es kam wie blanker Zynismus rüber.

Alles um den Fußball herum ist anders geworden seit 2006. Der Begriff Lichtgestalt: verschattet, wegen der Enthüllungen. Der Begriff Sommer: verschattet, wegen des Klimawandels. Der Begriff Patriotismus: verschattet, die Reaktionäre haben ihn sich zurückgeholt, haben ihn neu besetzt und ihm dabei alles Entspannte ausgetrieben.

Und unter der Oberfläche hat sich noch etwas verändert, darin steckt eine Herausforderung für den gesamten Publikumssport: Der Kulturkampf ist in Deutschland ausgebrochen. Wenn irgendwo im Fernsehen gegendert wird, fühlt sich ein Teil des Publikums sofort links-grün unterwandert. Und auch das, was in Stadien passiert, ist für viele ein Teil des Kulturkampfs geworden.

Ich bin 2023 bei der Fußballweltmeisterschaft der Frauen bei einigen Spielen in Australien gewesen, ich war live dabei im Melbourne Rectangular Stadium, als die deutschen Frauen ihr Auftaktspiel gegen Marokko 6:0 gewannen. Ein Riesenereignis. Australien ist eine Sportnation, die Leute standen hinter ihrer Mannschaft, die zwar nicht Weltmeister wurde, aber im Viertelfinale warfen sie die Französinnen raus, zwanzig Elfmeter brauchte es dazu im Penaltyschießen. Ein historischer Moment, wenigstens sporthistorisch.

In Deutschland, das merkte ich nach meiner Rückkehr, war die Veranstaltung vollkommen anders wahrgenommen worden. Die deutschen Frauen waren ja dann doch schon, trotz des tollen Auftaktspiels, in der Vorrunde rausgeflogen. Das Spielglück hatte gefehlt, sie hatten keine herausragenden Außenverteidigerinnen, weil Giulia Gwinn verletzt ausfiel, man hätte sportliche Gründe für das frühe Aus finden können, vielleicht mentale. Aber Kulturkampf heißt: Sie haben verloren, weil sie zu woke sind. Georg Pazderski, ein wichtiger Mann in der AfD, twitterte nach dem Aus der deutschen Mannschaft: »Hauptsache WOKE, BUNT, POLITISCH KORREKT und die REGENBOGENBINDE sitzt.«

Dabei hatte bei der Weltmeisterschaft niemand die Regenbogenbinde getragen.

Aber im Kulturkampf kommt es auf solche Details nicht an. Im Kulturkampf zählen überhaupt keine Argumente mehr, es ist allein wichtig, auf wessen Seite man steht. Im Kulturkampf überträgt also nicht das Öffentlich-rechtliche Fernsehen eine Frauen-Weltmeisterschaft, weil es gute Gründe dafür hat: 2022 war das EM-Finale zwischen England und Deutschland ein Renner gewesen, mehr Zuschauer als jedes Männerspiel. Für die neurechten Kulturkämpfer zählt das nicht. Für sie werden arglose Zuschauer von woken Programmmachern gezwungen, sich woken

Frauenfußball anzusehen, und dafür geben die Sender dann auch noch die Zwangsgebühren aus. Für die Kulturkämpfer ist es politisch gewollt, dass Frauenfußball gezeigt wird, die Leute sollen umerzogen werden. Steht alles so oder so ähnlich im Internet. Und in Leserbriefen, die Reporter bekommen, die vom Frauenfußball berichten.

Als kurz danach die deutschen Basketballer in Manila ihr WM-Halbfinale gegen die USA gewannen, twitterte jemand, direkt in den Jubel hinein: »Im Gegensatz zu unsren Fußballern (männlich und weiblich) sind die Basketballer in ein anderes Land geflogen mit dem Ziel, einen Titel zu holen und nicht Menschenrechte zu verbessern.« Auch das stand nur im Internet, aber das kulturkämpferische Klima herrscht längst auch in der Echtwelt. Nach dem Final-Sieg der Basketballer gegen Serbien, ein paar Tage später, rührte die Chefredakteurin der *Bild*-Zeitung in einem Kommentar noch mal alles zusammen: »Vielleicht liegt es daran, dass einige der Spieler in den USA spielen. Da zählt Gewinnen noch, und Helden werden verehrt. Zumindest da, wo keine Männer in Frauen-Badeanzügen am Start sind.«

Und noch ein paar Wochen später, im Herbst 2023, gab Megan Rapinoe ihren Rücktritt bekannt, mehrfache Fußballweltmeisterin aus den USA, Weltfußballerin, Kämpferin gegen Rassismus, mit ihrer Partnerin als erstes offen homosexuelles Paar auf dem Cover der *Body-Issue*-Ausgabe des ESPN-Magazins. Eine Ikone. Streitbar natürlich. Aber eine Ikone.

Reaktionen bei Twitter: »Wer? Nie gehört.« – »Kein Schwein kennt die Alte.« »Arrogante Fotze.«

Was willst du machen? Natürlich haben wir, also die Katar-Kritiker, Aktivisten, Menschenrechtler, vor der Männer-Weltmeisterschaft 2022 den Regenbogen selbst auch zum Thema gemacht. Sportler haben Wirkmacht, und wir wollten, dass die Behandlung der Schwulen, die Ausbeutung der Arbeiter nicht vergessen wird. Darum geht und ging es bei unserem Engagement: Menschen, die in ihrem Leben Entwertungen und Diskriminierungen erfahren haben, mit Wertschätzung zu begegnen. Und darum: zu betonen, dass Menschenrechte nicht diskutierbar sind.

Den Kulturkämpfern von rechts geht es nicht um Wertschätzung, das ist der Unterschied. Es geht ihnen um Herabwürdigung. Denn wenn sie sagen, dass es bei einer Sportveranstaltung um Sport gehen muss, nicht um Menschenrechte, beschreiben sie einerseits nur die Realität. Bei einer Sportveranstaltung geht es um Sport, niemand hat je etwas anderes behauptet. Aber indem sie die Menschenrechte so dermaßen kleinreden, verspotten und verhöhnen sie andererseits all jene, deren Menschenrechte eben nicht garantiert werden. Sie würdigen diese Menschen herab. Indem sie alles entwerten, was den von ihnen so verhassten Woken wichtig ist, machen sie die Welt noch ungerechter, als sie sowieso schon ist.

Für die Sportverbände ist die Situation schwierig, sie müssen sich von Fall zu Fall fragen, wie ihr Handeln verstanden wird. Man konnte das nach der Frauen-Weltmeisterschaft 2023 gut erkennen. Die Spanierinnen gewannen den Titel, schon während des Finales griff sich Verbandpräsident Luis Manuel Rubiales Béjar voller Freude an den

Penis. Und danach, bei der Siegerehrung, packte er mit beiden Händen den Kopf der Spielerin Jennifer Hermoso, seine Arme waren wie ein Schraubstock, dann küsste er die darin eingeklemmte Hermoso auf den Mund. Diese Übergriffigkeit wurde von einer Kamera aufgenommen, die Spielerin selbst beschrieb den Kuss als erzwungen. Der Fall war klar, jeder konnte es sehen. Sportfunktionär Rubiales hatte seine Macht missbraucht, er hatte vor den Augen der ganzen Welt Grenzen des Anstands verletzt und überschritten, vorsichtig gesagt, und nebenbei hatte er den Fußballerinnen auch noch ihren großen Moment weggenommen. Señor Rubiales hatte die Siegerehrung – die denkbar größte Riesenbühne – genutzt, um sich zum Zentrum des Geschehens zu machen. Der Fußball wurde, im größten Augenblick der spielenden Frauen, in eine Männerangelegenheit zurückverwandelt.

Was danach geschah, war bemerkenswert. 81 spanische Fußballerinnen, darunter der gesamte WM-Kader, traten bis zur Absetzung des Verbandspräsidenten in einen Streik. Und in Deutschland? Meldete sich ein CDU-Bundestagsabgeordneter mit der offenbar tatsächlich ernst gemeinten Frage, ob die Debatte über diesen Kuss in Deutschland womöglich ein Ablenkungsmanöver sein könnte, weil doch die deutschen Frauen, die gern mit der Regenbogenbinde spielen, schon in der Vorrunde rausgeflogen sind. Und Karl-Heinz Rummenigge, noch immer einer der Allmächtigen im Betrieb und inzwischen so etwas wie das Sinnbild des alten weißen Mannes, sagte: »Was er da gemacht hat, ist – sorry, mit Verlaub – absolut okay.«

Spielerinnen anderer Nationalmannschaften solidarisierten sich mit den Spanierinnen, zuallererst die Engländerinnen, die Lionesses, die ihnen im Finale 0:1 unterlegen waren. »Wir werden sie immer unterstützen«, sagte die Stürmerin Lauren Hemp. »Sie verdienen es, für das, was sie bei der Weltmeisterschaft geleistet haben, anerkannt zu werden.« Erst Tage später bezogen auch die deutschen Fußballerinnen Stellung: »Solch ein Verhalten ist nicht akzeptabel. Und noch weit untragbarer ist, es auch noch herunterzuspielen und die Spielerin unter Druck zu setzen. Niemand, absolut niemand sollte dies als Kleinigkeit abtun«, schrieben sie in einem offenen Brief, der auf der Instagram-Seite von Kapitänin Alexandra Popp veröffentlicht wurde. Die Reaktionen mancher deutscher Fans waren einerseits erwartbar, aber es macht einen andererseits immer wieder sprachlos, das zu lesen. Einige Leserbriefe auf der Webseite der *Welt*: Brigitte B: »Wenn schon keine Schlagzeilen im sportlichen Bereich, dann aber in jedwedem moralischen, denn da sind sie, genau wie ihre männlichen Kollegen, wahrlich weltmeisterlich.« Edith L: »Schnell noch auf den Moralzug aufspringen.« Gregor S: »Hurra! Wir sind Haltungsweltmeister.« Und so weiter.

Im Zeichen dieses Kulturkampfes lebt die deutsche Gesellschaft, im Zeichen dieses Kulturkampfes wird auch die Europameisterschaft 2024 stattfinden. Der Fußball rollt immer in der Atmosphäre, die ihn umgibt. Und er muss sich behaupten auch gegen Populisten und Hetzer in Deutschland, die jede Solidarität mit anderen zum Ausdruck von linker oder grüner oder woker Hypermo ral umdeuten. Darum geht es den Kulturkämpfern, die nur das Recht des Stärkeren gelten lassen: die Solidarität mit Schwächeren zu entwerten.

»Ein Sommermärchen 2.0 ist die Idealvorstellung«, hat der neue Bundestrainer Julian Nagelsmann gesagt, der gerade volljährig war, als das Original-Sommermärchen damals Kapitel für Kapitel erzählt wurde.

Ist er ambitioniert, wenn er so spricht. Ist er naiv?

Drüben jedenfalls, beim Rechtaußen-Portal *NIUS*, das es 2006 auch noch nicht gab, laufen sie sich schon mal warm, und es ist nicht einfach schlechte Laune, was da verbreitet wird, Muffigkeit. Es ist Populismus. »Unisex-Toiletten und vegane Bratwurst: Fußball-EM in Deutschland soll zum linken Zeitgeist-Spektakel werden.« Worum es gehen wird bei der Europameisterschaft? »Bier und Bratwurst aus dem Kopf schlagen und am besten schon mal Gendern üben.«

Wenn ich an die Europameisterschaft 2024 denke, denke ich natürlich daran, wie die deutsche Mannschaft in den Medien zermalmt werden würde, bei einem frühen Aus. Aber wenn ich an die Europameisterschaft 2024 denke, hoffe ich natürlich trotzdem, dass es anders kommt. Dass wieder ein Flow entsteht. Dass das deutsche Publikum, vom Ereignis im eigenen Land berauscht, immer noch so inspirierend sein kann wie bei Olympia in München 1972. Wie bei der Leichtathletik-WM in Stuttgart 1993. Wie zuletzt sogar bei kleineren Events: den European Championships in München und den Special Olympics in Berlin. Menschen aus verschiedenen Kulturen treffen sich, reisen durchs fremde Land, schauen gemeinsam Sport, feiern gemeinsam, feiern das Miteinander und zeigen, wie sie leben wollen: friedlich, frei, solidarisch.

Publikumssport konnte so etwas auslösen, in seinen allerbesten Momenten kann er es immer noch. Sportereignisse haben einen Zauber, in Amerika, in Australien, in England, aber auch und gerade in Deutschland hatten sie diesen Zauber oft. Die Deutschen waren bei Großturnieren immer ein viel besseres, faireres Sportpublikum, als sie selbst glaubten. »Das ganze Land tanzt, das ganze Land hat sich das beste Kleid angezogen«. Es ist inzwischen eine andere Zeit. Aber das alte Beckenbauer-Zitat hätte verdient, noch länger gültig zu sein.

Dass eine Europameisterschaft das Publikum immer noch elektrisiert, auch in den tiefsten Tiefen der deutschen Nationalmannschaftsgeschichte, merkte man, als im Oktober 2023, am Tag der Deutschen Einheit, der Vorverkauf für die EM-Tickets gestartet wurde. Nur drei Stunden nach Beginn der Bewerbungsphase wurden 3,1 Millionen Ticket-Anfragen registriert, von Fans aus 142 Ländern. Und als kurz darauf die deutsche Nationalmannschaft ihr erstes Länderspiel mit dem neuen Bundestrainer Julian Nagelsmann gewann, 3:1 in den USA, wollten gleich wieder alle möglichen Leute das sehr spezielle Holzfällerhemd haben, das Nagelsmann bei diesem Spiel getragen hatte. Es war nur eine Momentaufnahme, und es war auch nur halb ernst gemeint: der Bundestrainer als Mode-Ikone. Die Euphorie versandete dann auch schnell wieder. Aber es fühlte sich trotzdem so an, dass das deutsche Publikum, das sich so lange und auch so gründlich von der Nationalmannschaft entfernt zu haben schien, trotz allem immer noch bereit war, dem Team eine Bewährungschance zu geben.

Jeder Fußballer weiß, dass auch negative Stimmungen sich drehen können. Denn jeder Fußballer hat genau das bei seiner Tournee durch die grasgrünen Manegen der Welt selbst oft genug erfahren.

Den Fußball mit Erwartungen zu überfrachten, ist kontraproduktiv, in Katar haben wir das erlebt. Aber man sollte den Fußball und seine Kraft auch nicht gering schätzen. Fußball für politisch völlig belanglos zu halten, nur weil er die Welt nicht unmittelbar ändern kann, wäre absurd. Die wichtigen Turniere sind immer noch Ereignisse, für die sich viele Menschen interessieren. Und auch solche, die eigentlich genug vom Fußball haben, riskieren bei großen Spielen dann doch wieder einen Blick. Der Fußball kann immer noch das berühmte Lagerfeuer sein, um das sich viele versammeln.

Früher sind TV-Shows solche Gemeinschaftserlebnisse gewesen. Inzwischen lässt sich niemand mehr seinen Tagesablauf vom Fernsehprogramm diktieren, jeder schaut die Shows und Serien, wann es ihm passt. Aber ein großes Fußballspiel kann sich keiner für später aufsparen. Ein großes Fußballspiel kommt live, und alle schauen live, und wenn ein Tor für die Lieblingsmannschaft fällt, jubelt live die ganze Kneipe, die ganze Straße.

Vielleicht kann man es so sagen: Die Europameisterschaft 2024 wird die Gesellschaft zwar nicht verändern. Aber vielleicht kann 2024 etwas anderes entstehen, von dem wir jetzt noch nicht wissen, was es ist. Und die Europameisterschaft kann dafür sorgen, dass dieses verzagte Land endlich mal wieder aus dieser Wutstarre und Bitterkeit herausfindet, in der es gerade gefangen ist. Wenigstens ein paar Wochen lang.

Das wäre nicht viel. Aber es wäre in diesen Zeiten doch eine ganze Menge.

EPILOG
von Holger Gertz

Einmal haben wir uns in London beim Franzosen getroffen, »L'Escargot«, Greek Street, Soho. Das »L'Escargot« ist das älteste französische Restaurant der Stadt, Thomas Hitzlsperger und ich saßen einen ganzen sonnigen Nachmittag lang draußen vor der Fensterfront. Er kannte jeden Kellner und musste nicht bezahlen, was nicht überrascht, weil ihm das »L'Escargot« gehört. Der Laden war vorübergehend nicht mehr so blendend wie früher gelaufen, Corona, Wirtschaftskrise. Da war die Gelegenheit da, sich einzukaufen, und aus dem ehemaligen Fußballer Thomas Hitzlsperger wurde der Besitzer eines Restaurants, das berühmt ist für seine Schnecken, zwölf Stück für 36 Pfund. Für Vegetarier stehen auch Hunderte Schnecken aus Ton, Stein und Metall herum, golden und silbern blinkende Exemplare.

Dass aus Thomas Hitzlsperger neben manch anderem der Herr der Schnecken werden würde, war zu Beginn der gemeinsamen Arbeit an diesem Buch nicht absehbar, aber man weiß bei ihm nie, was als Nächstes kommt. Und so tauchte während unserer einjährigen Recherchen und Gespräche, aus denen das Buch entstand, immer wieder Neues auf. Er war in Dänemark und wurde Mitbesitzer des Traditionsvereins Aalborg BK, der sich – kaum war

Hitzlsperger eingestiegen – von einem Erst- in einen Zweitligisten verwandelte. Er war mit der deutschen Nationalmannschaft in Amerika, als Vielfaltsbotschafter des DFB. Er war in München, da stand in der Zeitung, er werde vielleicht Geschäftsführer vom Giesinger Rabaukenverein 1860 – und ich fragte mich, ob ich ihn dafür bedauern oder beglückwünschen sollte, dass dann doch nichts daraus wurde. Er war am Comer See, aber das war nur Urlaub. Er grüßte aus Bilbao, Sydney, Brighton, Forstinning, Maranello und New York. Er war in Nepal und in Katar, für eine TV-Dokumentation über den WM-Ausrichter. Wenn ich zu Hause über einem Kapitel brütete und eine Frage hatte und an ihn dachte, stellte ich ihn mir automatisch mit einem Koffer in der Hand vor.

Wer so viel unterwegs ist, ist ein Suchender – nicht untypisch für ehemalige Sportler, die lange Jahre zwischen dem eng gesteckten Spektrum von Fußballplätzen und in Trainingshallen zugebracht haben. Sie holen später vieles nach, befreien sich, probieren dies, versuchen das.

Ich kann die Qualität des »L'Escargot« nicht bewerten, ich mag keine Schnecken, der Restaurantchef Hitzlsperger bleibt mir also fremd. Der Fernsehjournalist Hitzlsperger ist mir dagegen nah, seine Arbeit ähnelt meiner. Bei der Weltmeisterschaft in Katar war ich als Reporter der *Süddeutschen Zeitung* vor Ort in Doha, Thomas Hitzlsperger arbeitete als ARD-Experte in Deutschland. Unsere Perspektive beim Blick auf das Turnier war ähnlich: Der Fußball, das Vergnügen aller, hat sich Funktionären ausgeliefert, die bereit sind, das Spiel dem Kommerz auszuliefern, damit die Bühnen und Nebenbühnen des Fußballs strahlen. Das haben wir kritisiert, Hitzlsperger im Fernsehen, ich in der Zeitung. Vor der WM wurde die Kritik vom Publikum größtenteils geteilt, während der WM fühlten sich viele dann um den Spaß am Fußball gebracht. Die Stimmung drehte sich. Mir wurde in Leserbriefen vorgehalten, zu moralisch zu sein, Hitzlsperger war in den sozialen Medien der Spielverderber. Wer – wie er – sein Gesicht ins Fernsehen hält, der muss mit einem Orkan an Kritik fertigwerden. Was ein Zeitungsmensch abkriegt, ist verglichen damit ein Lüftchen.

Aber er hielt stand, ich bekam das vor Ort in Doha mit, wenn ich mich bei den ARD-Übertragungen einklinkte. Er respektiert das Spiel, aber gerade weil er es respektiert, verklärte er die Umstände nicht. »Man weiß bei ihm nie, was als Nächstes kommt«, habe ich weiter oben geschrieben, das trifft auf seine Haltung als Fußball- und Gesellschaftsbetrachter allerdings nicht zu. Was das angeht, ist er verlässlich kritisch.

Ich kann mir vorstellen, dass auch dazu Mut gehört: Bei einem Senderverbund, der viel Geld für die Übertragungsrechte bezahlt hat, immer wieder zu sagen, dass das trotzdem eine kritikwürdige WM ist. Vielleicht käme man besser klar, wenn man kein Partycrasher wäre. Wenn man auch mal was weglächelt. Wenn man die Stimmung aufnimmt und den Leuten – also den Kunden – das gibt, was sie wollen. Wenn man Fußball Fußball sein ließe.

Aber Fußball ist nicht nur Fußball.

Als wir in London vor seinem Schneckenrestaurant saßen, sprachen wir über den Mittelfeldspieler Jordan Henderson, Liverpooler Legende. Henderson schien jahrelang ein Unterstützer der queeren Community zu sein, bevor er für ein Irrsinnsgeld in die neue Profiliga nach Saudi-Arabien wechselte, in ein Land also, das Schwulsein bestraft. Hitzlsperger hatte im *Guardian* gerade eine exzellente Kolumne dazu geschrieben, die die Verlogenheit dieses Moves auf den Punkt brachte, er hatte auch dazu getwittert und bekam Zustimmung, kassierte aber auch das erwartbare Gepöbel. Nur: Er hielt stand und blieb bei seiner Kritik und war derjenige, der das Thema Henderson in Deutschland erst bekannt machte. Ich habe von kaum jemandem sonst dazu etwas gehört, schon gar nicht von einem Fußballer oder Exfußballer.

Dass Thomas Hitzlsperger, jüngstes von sieben Kindern einer oberbayerischen Bauernfamilie, in einem so renommierten Blatt wie dem *Guardian* schreiben darf, beweist den Stellenwert, den er in England hat. In Deutschland wird er manchmal geringgeschätzt. Über die Bedeutung seines Coming-outs habe ich in deutschen Medien Anerkennendes, aber auch Entwertendes gelesen. Was habe sich denn nach seinem Bekenntnis schon geändert? Es klang so, als würde er dafür verantwortlich gemacht, dass gesellschaftliche Entwicklungen mal wieder ewig brauchen.

Manchmal hilft es, dem Vielreisenden Hitzlsperger wenigstens gedanklich in die weitere Welt zu folgen und zu erspüren, was er und sein Engagement für die queere Community in dieser weiteren Welt bedeutet. Wie spricht man anderswo über ihn? Ein Beispiel: Amal Fashanu beschrieb dem britischen Ableger von Sky Sport ihre Sicht auf Hitzlsperger. Worte aus berufenem Mund: Amal

Fashanu ist Journalistin, Aktivistin, sie engagiert sich für die Gleichberechtigung der Geschlechter. Außerdem ist sie die Nichte von Joshua Fashanu, erster Profi der Welt, der 1990 den Mut hatte, sich zu outen. Und der danach diskriminiert, entwertet, ausgegrenzt wurde und schließlich keinen anderen Ausweg mehr wusste als den Suizid.

Amal Fashanu ist die Hinterbliebene eines Fußballers, den Schwulenhass kaputtgemacht und umgebracht hat. Sie kann einschätzen, was das Coming-out von Thomas Hitzlsperger bedeutet, welche Wirkkraft es hat. Ihr Urteil ist belastbar. Sie also sagte: »Unabhängig davon, ob er noch gespielt hat oder nicht, hat jemand den Mut gefunden, sich in der Welt des Fußballs zu outen, und das ist ein großer Schritt. Dass er es der Welt gesagt hat, ist gut und positiv. Ich bin sehr glücklich darüber.«

Thomas Hitzlsperger und ich haben für dieses Buch viel darüber geredet, wie ein Suchender wie er mit seiner Sehnsucht umgeht, anzukommen. Eine schwierige Frage, und immer nur aus der Stimmung des Moments heraus zu beantworten. Kurz nach meiner Rückkehr nach München simste er, das »L'Escargot« liefe wieder gut: »Ich glaube, ich bleibe in der Gastronomie, das macht Spaß.« Aber schon bald danach erzählte er von neuen Fernseh-Engagements, auf die er sich freue.

Am Ende der Arbeit für dieses Buch hatte der FIFA-Boss Gianni Infantino, der immer wieder Thema unserer Gespräche gewesen ist, wie einen Abschiedsgruß noch eine allerletzte Pointe im Angebot, und er setzte sie dramaturgisch so geschickt, dass sie es gerade noch ins Manuskript geschafft hat: Die Weltmeisterschaft 2034, so sieht es aus, findet in Saudi-Arabien statt. Dazu übrigens, aus der Fußballblase, nur ein Hauch von Protest.

Thomas Hitzlsperger dürfte weiterhin gefragt sein, nicht nur als Herr der Schnecken. Schließlich hat er etwas zu sagen.

DANKSAGUNG

Ich blicke gerade auf den nach wie vor unfertigen Bahnhof von Stuttgart. Vermutlich hätte dieses Buch in der Entstehung genauso lange gedauert wie dieser Bahnhof, wären da nicht die zahlreichen Unterstützer, die mich teilweise schon ein Leben lang begleiten oder aber erst vor kurzem in mein Leben getreten sind. Lange war es für mich undenkbar, ein eigenes Buch zu veröffentlichen, doch nun fühlte es sich richtig an. Es war an der Zeit, meine Erfahrungen zu teilen, um hoffentlich anderen ein Vorbild zu sein. So wie es viele andere vor mir und für mich gewesen sind.

An erster Stelle möchte ich Holger Gertz danken für die vielen gemeinsamen Gespräche für dieses Buch. Ganz besonders dafür, dass er sich intensiv in die LGBTQ+-Welt eingearbeitet hat, um meine Entwicklung in den letzten 15 Jahren besser nachvollziehen zu können. Darüber hinaus, dass er neben Werder Bremen an Wochenenden für das Buch auch noch die Geschehnisse in Aalborg und Stuttgart mitverfolgte und mir zwischendrin teilweise ganz besondere Fundstücke aus dem Netz präsentierte, die mich zum Schmunzeln brachten. Beeindruckt hat mich seine intensive Beschäftigung mit meinen Erfahrungen von der Jugendzeit bis heute – und das neben seiner eigentlichen Arbeit bei der *Süddeutschen Zeitung.*

Und all das in einer Art und Weise, wie ich es mir besser und empathischer nicht hätte wünschen können.

Ebenfalls möchte ich Helge Malchow danken, der mich schon seit längerer Zeit zu diesem Buch ermutigte und von Beginn an ein positiver, konstruktiver Gesprächspartner und Begleiter war.

Großer Dank gilt meinem Bruder Toni, der mich seit vielen Jahren eng begleitet, geduldig meine häufigen Richtungswechsel mitgeht und auf den ich mich in allen Lebenslagen stets verlassen konnte.

Meinen Eltern und Geschwistern danke ich für die Unterstützung vor allem in jungen Jahren, als ich stets auf sie angewiesen war, um zu den Trainings und Spielen beim FC Bayern gefahren zu werden. Zudem danke ich ihnen für ihre Verständnis und die Akzeptanz im Umgang mit meiner Homosexualität.

Besonderer Dank gilt Carolin Emcke und Moritz Müller-Wirth, die mich viele Jahre lang nicht nur begleitet, sondern auch in kritischen Situationen klug unterstützt haben. Ihr Einfühlungsvermögen und ihre Geduld waren von unschätzbarem Wert für mich.

Hubert Walch gilt besonderer Dank, weil er mir ermöglicht hat, eine Berufsausbildung zu beginnen und dabei kein Training zu verpassen. Bis zum heutigen Tag zeichnet er sich durch seine bedingungslose Großzügigkeit aus.

Ich danke Terry für die langjährige Freundschaft und die vielen Diskussionen rund um Vielfalt und gesellschaftliche Verantwortung und dafür, dass er mich immer wieder ermutigt, meine Meinung zu äußern.

Großen Dank auch an Georg Sieber. Er hat mich immer wieder zum Nachdenken angeregt und war ein treuer Begleiter und besonders kluger Ratgeber. Ich hätte noch häufiger auf seine Ratschläge hören sollen.

Meinem langjährigen Spielerberater Andy Gross danke ich herzlich, dass er verständnisvoll und immer unterstützend, besonders in den schwierigen Phasen, an meiner Seite stand.

Stephen und Jonathan bin ich zu Dank verpflichtet für viele gemeinsame Stunden. Sie sind die besten Gastgeber der Welt und Freunde fürs Leben.

In dem Kapitel »In einem anderen Land –
Kulturkampf in Deutschland und die EM 2024«
wurden zwei einordnende Sätze aus Manuel
Beckers Text »Was vom Sommermärchen blieb«
übernommen, erstmals 2018 publiziert in
der Zeitschrift »Die politische Meinung«
vom Konrad-Adenauer-Institut.

1. Auflage 2024

© 2024, Verlag Kiepenheuer & Witsch, Köln
Alle Rechte vorbehalten
Die Nutzung unserer Werke für Text- und
Data-Mining im Sinne von § 44b UrhG
behalten wir uns explizit vor.
Covergestaltung Helmut Henkensiefken
Covermotiv © pixxwerk/Henkensiefken
Gesetzt aus der Minion und der Futura PT
Satz Buch-Werkstatt GmbH, Bad Aibling
Druck und Bindung GGP Media GmbH, Pößneck

ISBN 978-3-462-00528-8